MÉFIE-TOI, ... ton soutien-gorge raconte TOUT sur toi !

Roland d'Agen

AF128651

Préface

Imaginons une scène : jeune femme, attractive et maquillée en conséquence à la situation, assise en face d'un éventuel futur employeur pendant un premier entretien d'embauche. Après quelques phrases anodines concernant le parcours professionnel de la candidate, l'éventuel futur "patron" souhaite en connaître un peu plus sur le caractère et la vie de la candidate et lâche la phrase sèche et sans avertissement : "Montrez-moi votre soutien-gorge" ! ... et plouf !

Situation inimaginable ! ... au moins en France ou tout autre pays dit "civilisé" ! Mais complètement absurde ? Complètement ignoble, oui, mais absurde ? Sommes-nous conscientes de tous les secrets sur notre vie que cache le soutien-gorge ?

Un de nos rares plaisirs de femme est un passionnant shopping-tour. Robes, pantalons, blouses, t-shirts, chaussures – quel régal de passer un temps indéfini dans une boutique bien achalandée. Mais le rayon lingerie fait exception. Il n'est plus question de seulement regarder, d'essayer, de juger. Non, notre cerveau nous élève dans un échelon supérieur.

Regarder et admirer ne suffisent plus. Il faut toucher, - toucher le tissu, toucher la matière... et des rêves, l'imaginaire se mettent en marche.

Parfois hymne à la sensualité et la séduction charnelle, des fois expression du bien-être, mais rarement que vêtement par nécessité.

Il en résulte qu'aucun autre vêtement que le SOUTIEN-GORGE n'est aussi révélateur, fournissant une si grande multitude de renseignements sur le style de vie ou la façon dont les femmes vivent leur féminité. Réalités et rêves unis !

En écoutant et observant mes amies pendant de nombreuses heures, en osant leur demander de me montrer leur soutien-gorge, j'ai pu constater que le soutien-gorge contient beaucoup plus que quelques informations sur leur goût de s'habiller. Tous les secrets cachés sur leur vie, leurs souffrances, leurs amours ou leur environnement s'expriment avec cette petite pièce de la lingerie, le SOUTIEN-GORGE.

Roland d'Agen

MÉFIE-TOI !
... ton soutien-gorge raconte TOUT sur toi !

Édition :
BoD – Books on Demand,
12/14 rond-point des Champs Élysées
75008 PARIS / France

Imprimé par :
BoD – Books on Demand GmbH
Gutenbergring 53 – 22848 Norderstedt / Allemagne

ISBN 13 : 978-2322105007
Dépôt légal : 03/2018

Auteur : Roland d'Agen
Communication : roland.d.agen@gmail.com
Co-auteur et mise en page : Siegfried R. Becker

Crédits photos :
 Roland d'Agen / email : roland.d.agen@gmail.com
© 2018 Siegfried R. Becker

Tous droits réservés. Toute reproduction, même partielle, de la couverture, du contenu ou des illustrations, par tous procédés (sur papier, photocopie, électronique ou autre), toute traduction, faite sans autorisation préalable est interdite et exposerait la personne contrevenante à des poursuites judiciaires.

Sommaire

Introduction	7
La coupe, la matière, la couleur	9
Ce que révèle un SOUTIEN-GORGE	13
La femme ALPHA	15
La femme à fort caractère	29
Femme romantique, femme sentimentale	43
Femme artiste, femme créative	61
Femme des challenges, femme d'aventures	83
La papillonne, femme butineuse	89
Femme secrète, femme mystérieuse	99
Femme protectrice, femme maternelle	109
Conclusion	123

INTRODUCTION

Pour la femme, le choix d'un soutien-gorge n'est jamais anodin, n'est jamais comparable à l'achat d'un vêtement quelconque, et surtout, ne se passe jamais sans émotions.

Soutien-gorge et slip, tous deux portés si près du corps, sont obligatoirement liés à la vie intime de la femme. Inévitablement, l'inconscience établit une toute autre relation à l'égard du soutien-gorge qu'envers d'un autre vêtement. Et cette inconscience possède une force inimaginable. Aucun achat de soutien-gorge ne se fera sans la prise en compte de cette inconscience.

Trois critères décident de l'achat d'un soutien-gorge : la coupe, la matière, la couleur.

La coupe du soutien-gorge

Comme pour la matière et la couleur, chaque femme a ses préférences concernant la coupe du soutien-gorge. Son choix est souvent guidé par son jugement sur la forme et la taille de sa poitrine et/ou de l'emploi futur dans la composition de l'ensemble sous sa garde-robe (blouse, t-shirt ou robe de bal …). On voit mal une jeune personne, fanny, happy, sexy, habituée à porter des push-ups coqués de couleur éclatante s'enchanter pour un bustier en dentelle blanche classique.

La matière du soutien-gorge

Ce qu'est dit de la coupe est aussi valable pour la matière, le tissu du soutien-gorge. Les préférences, la composition de l'ensemble de la garde-robe et souvent l'âge de la femme sont déterminants pour le choix de la matière, dentelle, tulle, coton, synthétiques ou plus moderne, microfibre.

La couleur du soutien-gorge

Mais le critère le plus important et le plus parlant sur le type de femme, sa manière de gérer sa vie ou sa vie amoureuse est la couleur.

Homme ou femme, tous ont dans leur inconscience des préférences pour telle ou telle couleur, dont une qui se transforme souvent en couleur favorite.

Il existe des couleurs dites "froides" ... et des couleurs appelées "chaudes".

Par exemple : ces deux images suscitent chez l'observateur des perceptions très différentes bien qu'il s'agisse d'un même sujet, le buste d'une femme. L'image de gauche avec une prédominance de la couleur bleue transmet une certaine froideur contrairement à l'image de droite où le rouge domine, qui suscite un sentiment de chaleur.

Traduit sur le soutien-gorge porté par la femme : malgré un très joli buste, malgré la haute qualité du tissu du soutien-gorge, malgré la transparence sur les bonnets, - la femme de gauche est sentie "froide", réservée, distinguée, très préoccupée par sa beauté et difficile, sinon très sélective dans ses relations avec les hommes.

À l'opposé, le buste de la femme sur l'image de droite exprime de la joie, de la gaieté, un bien-être. Ouverte sur ses prochains, souvent entourée d'un cercle d'amis, - cette femme n'exprime aucune peur à faire de nouvelles rencontres. Elle est jugée "chaleureuse".

"Mais c'est ridicule ! Moi, un jour je porte un soutien-gorge rouge, l'autre jour un bleu. Alors, je serais un jour une femme "froide" et l'autre jour une femme "chaleureuse" ?

Oui et non ! En réfléchissant bien, toute femme, aussi changeante dans ses choix de couleur de soutien-gorge qu'elle peut l'être, possède une préférence pour une ou deux couleurs. Ceci s'exprime surtout dans le choix de ses survêtements. En ouvrant son placard on est forcé de constater qu'une majorité de ses habits exprime soit de la gaieté et de la joie en penchant vers le jaune, orange ou rouge, ou au contraire exprime une certaine distance ou réserve vers son entourage ayant le vert, le bleu ou le violet comme couleur dominante.

Les couleurs dites "chaudes" se présentent dans un spectre débutant dans le jaune et allant jusqu'au brun.
Les couleurs dites "froides" allant du vert jusqu'au violet.

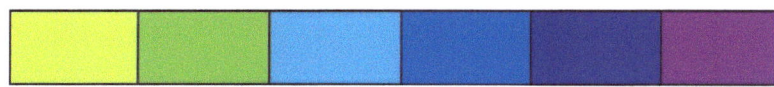

Pour compliquer la chose, on différencie la couleur préférée de la personne. Cette couleur aimée par la personne, et la couleur prédestinée correspondant au teint et le physique en général de la personne ne sont pas forcément les mêmes.

Un vendeur en vêtements ne s'intéresse que rarement à la couleur préférée ou aimée de la cliente, mais en jetant un œil critique sur le teint de la peau de la cliente il conseillera la couleur prédestinée, alors la couleur qui selon son "savoir professionnel" s'accorderait le mieux au teint et à la personnalité de la personne.

Complètement à tort ! Le savoir professionnel et scientifique est sûrement à honorer, mais une cliente rentre dans un magasin surtout pour se faire plaisir et pour s'acheter une robe ou un soutien-gorge d'une certaine couleur parce que cette couleur lui plaît ! Elle veut surtout se sentir à l'aise. Que peu de personnes se posent en premier la question : "*que diront les gens quand ils me verront dans ce vêtement ?*"

Que cette question puisse devenir bien-fondé après avoir fait son choix est toujours possible. Mais d'abord, la couleur doit plaire !

Et chose merveilleuse, la plupart des femmes possède un instinct naturel pour lier la couleur préférée à la couleur qui va le mieux avec la teinte de sa peau ou sa personnalité.

C'est un sens spontané qui ne nécessite nullement une étude approfondie que les professionnels appellent la "colorimétrie".

Ce que révèle, ce que dévoile

le SOUTIEN-GORGE

La femme ALPHA,

Être une femme "ALPHA" signifie quoi ? La première caractéristique d'une femme "ALPHA" est qu'elle s'impose partout, sur son lieu de travail, à son domicile comme dans son cercle d'amies.

La femme "ALPHA" donne les ordres, une femme "BETA" les exécute. A première vue, le fait "ALPHA" n'est pas toujours perceptible, volontairement caché pour s'établir plus aisément après avoir jugé l'entourage, la personne d'en face. Très confiante dans tous ses actes et sûre de ses gestes, la femme "ALPHA" reste inébranlable dans toute circonstance.

Intelligente, en famille elle ne fait que rarement apparaître sa dominance, toujours aux petits soins sans imposer son statut de chef.

Une femme "ALPHA" est soucieuse de son apparence et sait s'habiller de façon élégante. Elle refoule, et ceci souvent avec certains regrets, toute pensée aux plaisirs charnels pour rester forte dans sa vie quotidienne. Les éventuelles rencontres avec un partenaire "ALPHA" ("ALPHA" comme elle), peuvent être houleuses et désastreuses.

On ne choisit pas d'être une FEMME ALPHA, on naît ALPHA ! Ou on exécute un travail énorme sur sa personnalité pour pouvoir dire un jour "JE SUIS UNE FEMME ALPHA !"

Mais, en toute sincérité, est-il toujours souhaitable d'être une ALPHA, dans toute circonstance, dure, tenace, combattante et sans concessions ou pitié envers les autres ?

> SOUTIEN-GORGE à armatures "GRAND MAINTIEN"
> DENTELLE BLANCHE
> FORME CLASSIQUE COUVRANTE,
> Coupe confortable pour un maintien parfait

PROFIL DE LA FEMME :

Le PLUS +

* **courageuse,** - aucun obstacle lui fait peur ...

* **forte,** - le mot faiblesse n'existe pas dans son vocabulaire ...

* **responsable,** - gestionnaire parfaite

* **déterminée,** - n'abandonne jamais une tâche commencée ...

Le MOINS -

* **autoritaire,** - pas toujours facile à vivre, une femme qui a toujours raison,

* **narcissique,** - typique pour une femme ALPHA,

* **intolérante,** - aucune erreur de la part des autres n'est jamais acceptée.

VIE PRIVEE :

Génération 16/25

Éducation stricte et sans concessions.

Son enfance n'est pas toujours passée sans problèmes. Par ses parents, souvent mal ou pas du tout comprise. À maintes reprises elle s'est renfermée dans le silence, dans la solitude.

Une certaine libération est arrivée avec son entrée dans la vie active. Nouveau cercle d'amis, nouvelles découvertes affectives.

Génération 26/39

Femme forte et battante, mais non sans difficultés.

Tensions ou crispations sur le lieu de travail ? Surmenage ? Non-respect ou incompréhension de la part du partenaire ? Malentendus dans sa vie amoureuse ? C'est le moment pour donner un bon coup dans la fourmilière.

Génération 40+

Les années de guerre derrière elle, son intérêt se tourne aujourd'hui vers des activités plus reposantes, plus axées vers la nature, vers les belles choses de la vie.

Elle découvre ses talents et son admiration pour les Beaux-arts. Une nouvelle fois elle souhaite changer son cercle d'amis pour débuter une longue période de sa vie entourée d'artistes de tous genres.

VIE PROFESSIONNELLE :

Une femme ALPHA qui choisit un soutien-gorge si classique possède à part de ses qualités de chef, des aptitudes intellectuelles inestimables.

Ceci dit, origines obligent, la première phase de sa vie professionnelle se passait dans un cadre correspondant aux souhaits familiaux, études selon ses aptitudes et entrée dans le monde du travail avec un paquetage respectable. Extrêmement sérieuse et appliquée dans l'exécution des tâches confiées, elle gagna vite le respect de ses collègues et la confiance de ses supérieurs.

En avançant et en prenant plus de responsabilités les relations avec ses collègues s'assombrissent de plus en plus. C'est une femme ALPHA, avec son destin de future dirigeante à donner des ordres et non pas le désir de chercher le copinage.

C'est à ce moment où elle apprenait le sens profond du mot solitude. Seul contre tous n'est pas facile à vivre, mais renforce le caractère. Une phase dans sa vie professionnelle qu'elle préfère ne pas se rappeler.

Mais c'est aussi à cette époque, pour renforcer son mental pendant les durs moments d'isolement, qu'elle redécouvrait ses intérêts pour les Beaux-Arts, et spécialement la poésie et la littérature. Grace à cette découverte elle trouva un équilibre bonifiant. Résultat : elle gagna en sympathie sans perdre le moindre pouce de sa position de femme ALPHA.

... ET QUE PENSE L'HOMME ?

Femme de caractère, forte et toujours maître de ses sentiments, un homme ne peut qu'éprouver respect et admiration. Mais n'oublions pas, c'est ELLE qui choisit et décide. L'homme doit accepter ce fait omniprésent sans plaintes. Et pourquoi pas ?

Si le jeune homme peut avoir un peu du mal à accepter d'être que le numéro deux du couple, l'homme avancé en âge et muri peut trouver le vrai bonheur à côté d'une si merveilleuse personne.

...ET QUE DIT LE COACH ?

Une personne extrêmement complexe. Femme ALPHA, mais attirée par les Beaux-Arts. Enfermée dans son rôle de dominatrice dans la vie de tous les jours, mais attirée par la liberté de la création poétique et artistique. Heureusement grâce à sa force de nature elle arrive à gérer ce qui est souvent senti comme une contradiction. Mais en l'observant, en parlant avec elle, on peut avoir l'impression que ce sont justement ces deux faciès de sa vie qui la renforcent.

Tout au moins, dans son intérêt, dans celui de son bien-être et de son entourage, on ne peut que lui conseiller de trouver encore plus de temps pour satisfaire sa recherche en valeurs culturelles dans le plaisir d'échanges avec le monde des arts.

> **SOUTIEN-GORGE à armatures**
> **COULEUR NEUTRE**
> un soutien-gorge qui exprime discrétion et indépendance

Profil de la Femme :

Le PLUS +

* **active, forte,** - toujours en mouvement sans jamais montrer de signes de faiblesse...

* **courageuse,** - toujours combattante en sous-estimant souvent risques et dangers,

* **déterminée,** - un arrêt avant la fin d'une tâche n'est qu'impensable,

Le MOINS -

* **autoritaire,** - bien souvent effrayante pour les gens de son entourage. Cela conduit souvent à des malentendus et des difficultés de communication.

Vie privée :

Génération 16/25

Studieuse et travailleuse, les hommes ne sont qu'accessoires.

Sa préoccupation principale : construire et réussir sa carrière, un futur solide et confortable.

Génération 26/39

Maintenant, après la réussite professionnelle, l'idée de la fondation éventuelle d'un foyer prend sa place. Être mère d'un ou deux enfants, pas plus, et leur assurer une bonne éducation. Le partenaire glisse doucement en arrière-plan.

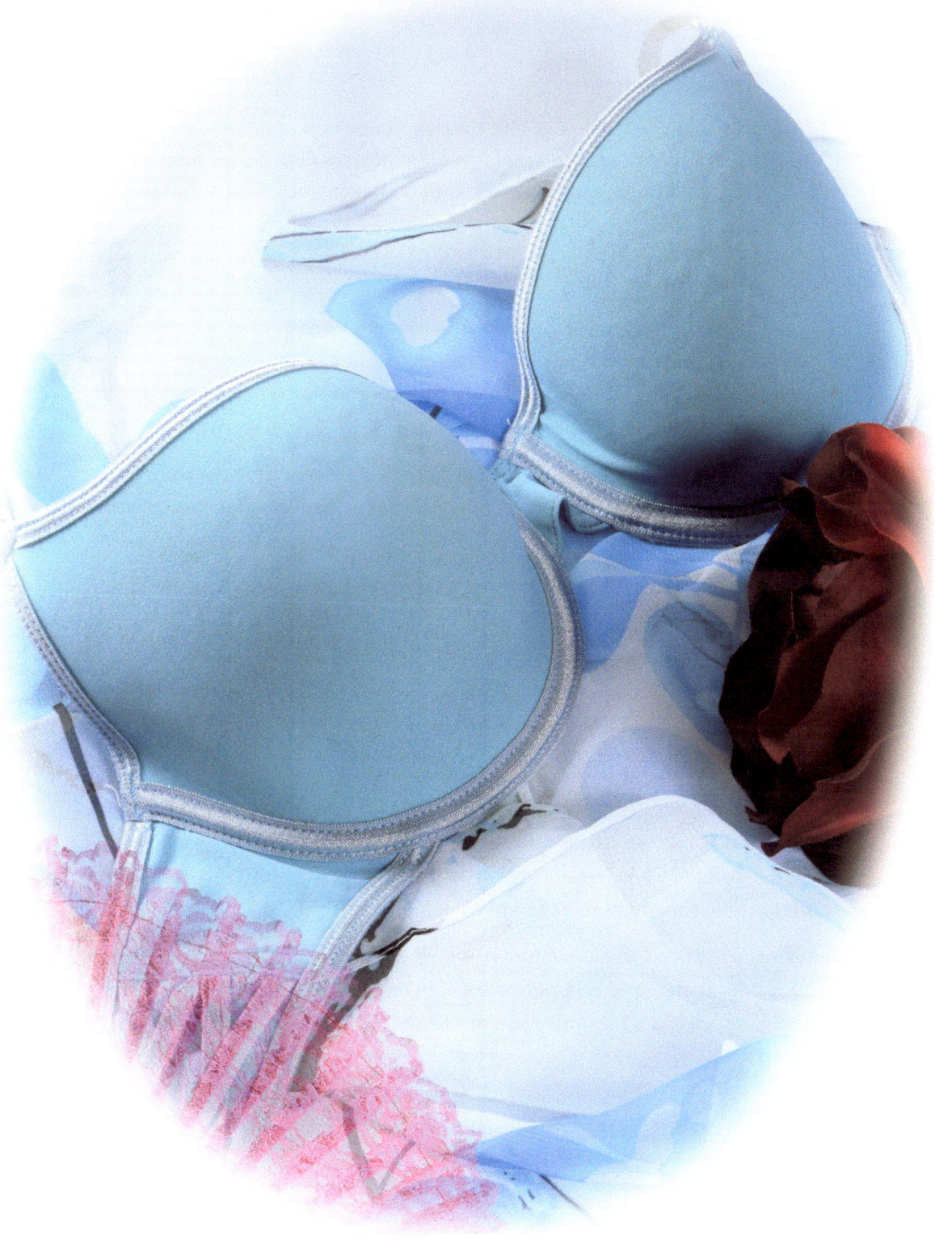

Génération 40+

Sage, prévoyante, bien installée à la tête du clan familial ou professionnel, souvent surmenée par les attentes des autres. Relativement détachée de ses enfants, souvent accusée d'avoir gardé une trop grande distance pendant la période de leur éducation.

VIE PROFESSIONNELLE :

En tant que jeune femme vigoureusement orientée vers ses études et la construction de sa carrière. La première de ses luttes concernait la bagarre pour confirmer sa future position de femme ALPHA. Les coups de rétorque de son entourage étaient simplement ignorés sans être oubliés à jamais.

Toutefois, si l'objectif ambitieux de la position professionnelle souhaitée a été atteint, une nouvelle guerre a été menée pour défendre cette position et, si possible, pour l'élargir.

A côté de sa vie professionnelle son effort commençait à se diriger vers la fondation d'un foyer familial.

... ET EN CE QUI CONCERNE L'AMOUR ?

La recherche d'un partenaire peut être longue et difficile. Les exigences matérielles alourdissent souvent cette recherche. Le désir d'avoir des enfants, s'il existe, est couramment juste une nécessité ou une obligation de sauvegarder le patrimoine familial et d'assurer son héritage. Toutefois, si des enfants existent, leur éducation et leur formation deviennent un sujet de préoccupation principal.

Comme dans sa vie professionnelle, sa vie intime est plutôt stricte, triste et grise. Et pourtant, si improbable que cela puisse paraître, au fond d'elle bouillonne le désir d'immoralité. Impensable pour une femme ALPHA ! En conséquent, elle est victime de son manque de courage à surpasser sa timidité et ses réticences.

Vu que pour elle il ne peut être question que d'un amour "vrai", elle se protège sans relâche pour ne pas tomber amoureuse. Elle est tellement prisonnière de son comportement de femme ALPHA qu'une erreur dans son choix de partenaire devient pour elle inexcusable. Alors des caprices, une simple aventure ? Pas pour une femme ALPHA !

Et pourtant, son comportement strict envers les hommes ne la protège guère des blessures. Blessures qui ne s'effacent jamais.

... ET QUE PENSE L'HOMME ?

L'homme qui mérite une femme ALPHA sait : on ne courtise pas une femme ALPHA, c'est la femme ALPHA qui décide QUI, QUAND et COMMENT un homme est autorisé à s'approcher d'elle ! Par conséquent, l'homme est toujours bien conseillé de montrer discrètement son intérêt mais laisser l'action d'approche à la femme ALPHA, s'il ne veut pas encaisser une grosse gamelle. Cependant ce comportement de l'homme suppose qu'il accepte déjà au stade d'une approche préliminaire une certaine soumission. La question pour l'homme est : est-il vraiment prêt à vivre une relation sous cette condition ?

... ET QUE DIT LE COACH ?

On ne choisit pas d'être une ALPHA, on naît ALPHA ! Alors il faut assumer et malgré responsabilités et convenances de la société, une femme ALPHA ferait mieux de chercher un peu plus de joie et de plaisirs dans la vie ordinaire. Quelques vrais amis n'ont que rarement fait du mal.

> **SOUTIEN-GORGE à armatures**
> **COULEUR NOIRE**
> Sobre et élégant, expression de force et souveraineté !

Profil de la Femme :

Le PLUS +

* **forte,** - aucun tourment ne peut infléchir ce pôle de fermeté…

* **courageuse,** - aucune peur, aucun recul.

* **déterminée,** - allant toujours au bout de ses projets.

Le MOINS -

* **égoïste,** - femme ALPHA à 100%.

Vie privee :

Génération 16/25

Pas toujours gâtée par son environnement familial. Se battre et se positionner est pour elle le quotidien habituel.

Peu ou pas du tout d'amis, elle construit son avenir.

Génération 26/39

Bien installée dans sa vie professionnelle, une femme qui assume ses responsabilités. La plupart de ses énergies est employée dans l'exercice professionnel. "Chef" en toutes circonstances.

Même si elle a réussi à fonder un foyer, sa vie familiale n'occupe que la deuxième place.

Génération 40+

Dominance et solitude, deux mots qui déterminent son existence.

Dominance car personne dans son entourage n'est capable de remettre en cause sa place de femme-ALPHA. Personne ne possède le courage de la destituer du pouvoir hérité ou acquis.

Solitude car les amis sont rares.

VIE PROFESSIONNELLE :

Ce soutien-gorge noir témoigne d'une remarquable force de caractère.

Orientée dès son plus jeune âge vers la réussite, elle s'est toujours appliquée à la construction d'une vie professionnelle solide. Combattante et déterminée à se positionner comme femme-ALPHA aux commandes, elle n'a jamais hésité à utiliser esprit et corps pour mener ses luttes à bien.

Cependant, en principe inhabituel pour une femme-ALPHA, ses moments d'empathie envers ses collègues de travail font que dans certaines circonstances quelque chose comme de l'hésitation fait surface. Mais vu qu'il y a un but à atteindre, ces instants d'incertitude ne durent jamais longtemps.

... ET EN CE QUI CONCERNE L'AMOUR ?

Femme-ALPHA, femme difficile ! Quel homme a le courage et un statut aussi solide pour se positionner en amoureux face à une personne aussi profilée ?

Et la femme-ALPHA, est-elle prête à abandonner une partie de son pouvoir à un homme qui se dit "partenaire pour la vie" ?

Oui, une femme-ALPHA peut tomber amoureuse. Mais en général, ces instants d'abandon ne durent que le temps de réaliser une vie de femme, le temps de la création d'un foyer familial.

Souvent une question de raisonnement, le choix du partenaire est surtout basé sur les réalités de la vie.

Présentation et situation dans la société sont des critères omniprésents. Même si cette femme n'appartient pas forcément à la couche des plus aisées, sa volonté et son combat pour la réussite de sa vie imposent réflexion et une certaine froideur dans sa sélection.

Malgré sa volonté d'imposer aux hommes sa domination, comme la couleur noire du soutien-gorge en témoigne, dans ses moments de silence et de calme elle rêve d'un amour réel, sans contraintes, sans obligations. Mais ces moments sont très courts.

... ET QUE PENSE L'HOMME ?

D'abord, que peu d'hommes osent se rapprocher d'une femme-ALPHA.

Soit par crainte de ne pas être à la hauteur de la personnalité que représente une telle femme, soit par l'incertitude de pouvoir répondre à toutes les exigences d'une personne aussi parfaite.

Mais finalement, aussi difficile que peut être une approche, l'homme qui cherche une vie avec des lignes parfaitement droites et un futur bien tracé, gérée par une personne forte et sûre d'elle-même, trouve son bonheur à côté de cette femme majestueuse.

... ET QUE DIT LE COACH ?

En face d'une femme-ALPHA, un coach, par respect, est bien conseillé de rester silencieux.

Une telle femme n'a nullement besoin de conseils, aussi professionnels soient-ils, de quelqu'un d'autre. D'ailleurs, par son caractère narcissique, les démarches de cette nature ne seraient jamais acceptées.

La femme à fort caractère

Être une femme "à fort caractère" ne signifie pas forcément être considérée comme une femme "dure", intraitable ou égoïste.

La femme "à fort caractère" ne donne pas des ordres par esprit de domination, une femme "à fort caractère" discute et défend ses idées avant de demander aux autres de la suivre. Une femme "à fort caractère" est avant tout sûre d'elle-même.

Si sa présence lui procure souvent respect et admiration, son caractère fort lui pourvoit quelques fois des inconvénients. Considérée comme "vouloir avoir toujours raison" le cercle des amies est souvent assez restreint.

En famille, généralement la première personne à écouter, elle sait gérer les affaires.

> **SOUTIEN-GORGE avec armatures**
> **Couleur ZINZOLIN**
> **Push up * coupe trois quarts**

Profil de la Femme :

Le PLUS +

* **femme énergique,** - faiblesse, un mot banni ...

* **méthodique,** - rien ne va sans planification sérieuse ...

* **fière,** - la tête toujours au-dessus des autres...

Le MOINS -

* **parfois trop exigeante,** - ce qu'elle peut faire tout le monde peut le faire ...

* **quelque peu jalouse,** - surtout envers ses concurrentes ...

* **dépensière,** - si ses possibilités le permettent ...

Vie privee :

Génération 16/25
Si son quotidien se déroule bien ordonné et sans réelles surprises, c'est grâce à son éducation conservatrice et plutôt stricte reçue par ses parents et les éducateurs de différentes écoles. Elle les remercie car cette éducation l'a protégée de pas mal d'obstacles et embûches qui se trouvaient sur son chemin dans les années passées.

Génération 26/39
Dans son environnement professionnel cette femme est plutôt respectée et appréciée pour ses compétences et son sérieux. Travailler consciencieusement avec ardeur et discipline lui a été inculqué depuis sa plus tendre enfance. Malheureusement, cette part de caractère lui apporte à côté des approbations de ses supérieurs ou partenaires d'affaires, quelques réactions de jalousie de la part de certains collègues pour qui, à leurs yeux, elle n'est qu'une personne ne cherchant qu'avancements et importance.

Génération 40+

Basé sur le respect et les valeurs morales, son quotidien se déroule généralement sans grandes surprises et sans excès. Naturellement, elle a quelques rêves bien cachés exprimant une certaine insatisfaction concernant sa vie amoureuse. Mais parfois est-il préférable de sauvegarder un joli rêve que le transformer en réalité qui n'est souvent que déception ?

VIE PROFESSIONNELLE :

Aussi fidèle que dans ses relations en privé est son comportement dans le milieu du travail. Souvent considérée comme le pôle d'ancrage dans une entreprise, sa position n'est que rarement mise en doute. Et attention, si malgré tout quelqu'un ose vouloir ignorer son autorité ! La femme "cool" se transforme rapidement en formidable marteau destructeur.

C'est une femme sûre d'elle-même qui aime peu d'être mise en doute. C'est une des raisons pour lesquelles elle préfère, si elle le peut matériellement, créer et travailler dans sa propre entreprise. Elle aux commandes, elle devient incritiquable. Organiser son plan de travail, donner des directives, surveiller l'exécution des tâches, recevoir des compliments de ses subordonnés, - la vie professionnelle comme elle se le souhaite.

Si les métiers autour du social ne sont pas vraiment dans son répertoire, fouillant dans des dossiers lourds et difficiles, résoudre des problèmes compliqués et aller en guerre contre les méchants, voilà où elle se sent à sa juste place. Et naturellement recevoir des fleurs après avoir réussi est toujours bien accueilli. Mais là aussi, très vite mécontente si quelqu'un ose lui voler ce que lui revient !

Le calme s'installe avec la sagesse. Après de nombreuses années en activité elle revoit peu à peu son comportement professionnel jugé souvent "agressif". Ce jugement est injuste et déplacé. Cette femme ne fait que ce qu'on attend d'elle. Et si elle engage tous les moyens pour accomplir sa tâche, alors on ne peut que la remercier pour autant d'engagement.

… Et en ce qui concerne l'amour ?

Lorsqu'une femme choisit un tel soutien-gorge d'une couleur "zinzolin", il est difficile de parler d'amour. Difficile à imaginer qu'un tel soutien-gorge soit porté par une femme jeune. Si c'est le cas, il faut constater que ses expériences amoureuses n'étaient que des échecs et qu'en ce moment elle ne cherche que la tranquillité loin de tout contact avec un être masculin.

Si au contraire ce soutien-gorge est porté par une femme au-dessus de la trentaine, il y a de petits signes de recherche et de rêve mais sans réussite dans la réalité. Oui, elle voudrait être aimée. Oui, sa vie en solitude, (même vivant en couple la solitude existe), lui pèse au cœur. Mais son caractère, femme énergique, fidèle et fière, lui interdit toute démarche vers une vie amoureuse moins emprisonnée.

… Que pense l'homme ?

Sûrement une personne très intéressante. Intelligente, courageuse et fortement respectable. Une femme destinée pour un foyer familial heureux. Heureux ? Ou plutôt rassurant. Avoir le privilège de passer sa vie à côté d'une telle femme se mérite et demande des efforts. Un homme incapable d'assumer le quotidien matériel d'un couple n'a qu'à s'abstenir.

…Et que dit le COACH ?

Un œil qui sourit, un œil qui pleure. D'abord de l'admiration pour son amour des belles choses de la vie. La couleur du soutien-gorge en parle expressément. Même si le choix de la couleur "zinzolin" exprime une certaine contradiction.

Un œil qui pleure ? Oui, car ce soutien-gorge donne l'impression que pour elle, l'amour et tout ce que va avec n'est pour la femme qu'une nécessité et qu'un devoir passager pour assurer la continuité du tissu familial. Et que pense-t-elle du mot "plaisir" ?

Madame ! La vie est si courte et les regrets de n'avoir vécu qu'à moitié sont difficiles à accepter. Madame, donnez-vous une bonne claque, réveillez-vous !

> **SOUTIEN-GORGE à armatures**
> **DENTELLE FLEURIE**
> **BLEU GLACIAL**
> **Joliment transparent**

PROFIL DE LA FEMME :

Le PLUS +

* **élégante,** - grâce dans ses manières, son habillement ...

* **sûre d'elle,** - maîtresse totale en face d'autres ...

* **sensible,** - envers son proche entourage ...

* **sérieuse,** - jamais en défaut de satisfaire ses engagements.

Le MOINS -

* **froide,** - en face de l'inconnu ...

* **autoritaire,** - dès qu'on lui en donne la possibilité ...

* **intolérante,** - même envers elle-même en cas de faute.

VIE PRIVEE :

Génération 16/25
Son hyperactivité peut agacer et vu qu'elle ne se remet que rarement en question, son entourage se trouve très vite en situation d'opposition. Ceci ne l'impressionne que peu et au lieu de fléchir elle ne rassemble autour d'elle que celles ou ceux qui la suivent dans ses projets et réflexions.

Génération 26/39

Femme de goût, débordante d'énergie, elle risque constamment de mener une vie hyperactive. Détestant la paresse elle a besoin de bouger.

Une femme sûre d'elle. Elle n'accepte guère que ses prises de position soient mises en doute. Elle-même possède une haute puissance de persuasion aussi bien envers ses membres de la famille que dans son travail.

Génération 40+

Dans certaines situations difficiles, on peut la juger trop dure, même cruelle. C'est sa ligne de défense à toute attaque qu'elle juge personnelle.

Mais en réalité, c'est une femme extrêmement sensible. Aucun sacrifice ne lui est trop grand s'il s'agit de sauver le bonheur de sa famille ou d'un amour véritable et pur.

VIE PROFESSIONNELLE :

Même si cette femme défend farouchement son statut d'ALPHA dans sa vie privée, dans l'environnement professionnel elle est un peu moins exigeante. Ici elle accepte plus facilement les idées de ses collègues ou partenaires.

Elle est capable de reconnaitre les mérites des autres. Chose pas commune chez une personne ALPHA. Mais c'est justement grâce à cette souplesse de caractère qu'elle se fait plus facilement des amis sur son lieu de travail que dans le privé.

Cette souplesse combinée avec ses goûts artistiques la dirige fréquemment à choisir l'indépendance professionnelle. Elle crée souvent sa propre entreprise. On la trouve souvent dans une galerie d'Art, un cabinet de conseils, ou selon sa formation ou ses origines familiales, dans un bureau d'architecture portant son nom.

A l'opposé, il n'est pas imaginable que cette femme occupe un poste dans l'administration. L'idée d'être obligée d'accepter une hiérarchie aussi rigide que l'administration avec l'obligation d'exécuter sans la moindre contradiction des ordres de la part des supérieurs probablement moins qualifiés qu'elle n'est pas concevable.

... ET QUE PENSE L'HOMME ?

Pas facile de s'approcher, mais quel plaisir si l'homme réussit ! Une amoureuse de rêve, son jeu de coquetterie, sa comédie de "faible petite femme", sa naïveté bien jouée !

Mais attention, le réveil peut être très dur – MADAME est le BOSS ! Et ses exigences sont énormes ! Intelligence et courtoisie ne suffisent pas. Elle veut plus. Si le jugement de son entourage compte beaucoup, elle demande de la part de son compagnon une présentation impeccable exprimant le sérieux et une certaine stabilité correspondant à sa situation dans la société, son coté "grande amoureuse" réclame l'amant parfait ! Une erreur jamais à faire : réclamer le droit à montrer de temps en temps une certaine faiblesse masculine !

...ET QUE DIT LE COACH ?

Si cette femme possède tout en présence et statut d'une incontestable DAME, image d'ailleurs fortement jalousée par la concurrence féminine, sa vie sentimentale reste en grande partie mal maîtrisée. Jouer une lady intouchable avec un corps bouillonnant ne peut qu'amener frustration et l'insatisfaction.

Jeune ou moins jeune, arrête ton cinéma, ma fille ! Soit enfin toi-même ! Montre que tu es une FEMME, que tu ne veux que vivre !

> **SOUTIEN-GORGE BUSTIER**
> **COULEUR BRUN**
> Bretelles externes pour une grande ouverture du décolleté

PROFIL DE LA FEMME :

Le PLUS +

* **femme courtoise,** - respectueuse envers les autres ...

* **combattante,** - pour chaque problème existe une solution ...

* **créative,** - si la chose n'existe pas, il faut l'inventer ...

* **intelligente,** - tout se fait d'abord dans la tête.

Le MOINS -

* **parfois trop sensible,** - un mot mal placé peut faire du dégât...

* **rêveuse,** - la vie est plus belle quand on oublie la réalité...

* **sentimentale,** - surtout dans ses moments de rêverie...

VIE PRIVEE :

Génération 16/25
Jeune mais déjà bien déterminée à réussir sa vie, elle profite de toute occasion pour se positionner en femme forte, autoritaire, dominante, critique vers son entourage. Malgré la présence de ses copains et copines, c'est une femme qui souffre d'une certaine solitude.

Génération 26/39
Aujourd'hui, elle occupe de façon incontestée sa place dans la société. D'ailleurs, défendre les droits et obligations de cette société est une de ses tâches auxquelles elle s'est attachée. Travailleuse, ses journées sont marquées par le stress, le peu de temps libre qu'elle utilise pour se consacrer aux Beaux-arts. Elle aime les couleurs vives, les chaleurs transmises par l'orange et le rouge.

Génération 40+

Femme de caractère, femme active, femme combattante, - elle ne chôme guère, ses journées sont bien chargées. Néanmoins, ses préoccupations premières sont réservées au bien-être de sa famille. Rien ne peut l'arrêter s'il s'agit de défendre son foyer familial. Mère chaleureuse, ses enfants et petits-enfants l'adorent.

VIE PROFESSIONNELLE :

Même si son enfance s'est passée sans trop gros problèmes, l'école lui a appris à se battre. Vu qu'elle a toujours exigé le respect, ses camarades de classe n'étaient pas en tout moment tendre avec elle. Mais elle a su en profiter en devenant une femme forte, solide, gardant toujours les pieds sur terre.

Entrant dans la vie active, cette femme finit par trouver sa place rapidement. Son engagement professionnel provoque admiration de la part de ses supérieurs et respect de ses collègues. Respect si essentiel pour elle.

Elle adore la responsabilité. Être chargée de dossiers lourds n'est pour elle que confirmation de sa personnalité. Infatigable et consciencieuse dans ses actions professionnelles, elle représente pour toute entreprise beaucoup plus qu'une simple valeur ajoutée.

Mais elle attend en contrepartie respect et reconnaissance. S'il y a manquement, son engagement peut vite se transformer en diminution d'engagement et réduction de ses ambitions.

... QUE PENSE L'HOMME ?

Ce soutien-gorge est porté par une femme exceptionnelle. D'abord la couleur : un brun neutre, couleur rare dans la lingerie. Ceci prouve que cette femme a une préférence pour l'exceptionnel. Elle refuse d'appartenir à ce qu'on appelle vulgairement "la masse". Ensuite la qualité du tissu et du travail bien fait. Pas vraiment "bon marché" et assemblé avec grande maitrise de la couture fine.

Le choix de la femme de porter un tel soutien-gorge, les bretelles attachées latéralement à l'extrême des cups, témoigne de son audace et de sa fierté au sujet de son attrayante poitrine. Que peu de femmes peuvent exprimer si savoureusement.

Et l'homme dans tout cela ? Respect et prudence, deux mots importants avant toute tentative d'approche. Apprendre le maximum sur elle est primordial avant une discussion sur le thème de l'amour. D'ailleurs, difficile d'espérer vivre un one-night-stand avec elle. Il faudrait être le roi des charmeurs ou ensorceleurs !

Et pour mettre un point sur les i, cette femme veut être traitée d'égal à égal ! Machos et "Big Egos" n'ont aucune chance de recevoir le moindre signe d'encouragement. Ironie et moquerie seront sa seule réponse.

Mais presqu'en contradiction, cette femme est exigeante in punctum sexe. En amour, elle cherche la protection. Toujours habituée à symboliser la femme forte, courageuse et entreprenante, elle cherche l'homme qui lui enlève cette tâche dans les moments d'intimité. Assumer et oublier toute peur doivent être les mots principaux du bon amant.

...ET QUE DIT LE COACH ?

Jeune ou moins jeune, toujours "la classe". Une femme qui est sûre d'elle-même, qui se connait assez bien et qui possède suffisamment de réalisme pour jauger sa personnalité sans fausse complicité. Elle ne se vend pas en-dessous de sa valeur.

Mais la question doit être posée si son sens des réalités ne l'amène pas dans une vie trop sévère, trop enfermée ? Trop de restrictions, trop d'interdits, trop de règles de morale. Règles de morale établies par les autres, aujourd'hui largement dépassées et à réécrire !

Cette femme possède un goût étonnant pour les belles choses. Très critique dans ses choix, elle ne se trompe que rarement. Une aisance jamais exploitée par elle pour une activité artistique. Pourquoi ne pas penser à une formation plus poussée et transformer ses aptitudes en une deuxième, voire même en une activité fructueuse ?

Femme romantique,

femme sentimentale,

Femme paradoxe qui s'égare de temps à autre dans sa propre individualité en s'obstinant à vouloir paraître avant de se montrer telle qu'elle est réellement.

Vulnérable à toute critique de son image, elle est prête à sortir les griffes dès la première occasion.

C'est une femme pour laquelle l'acceptation d'une autorité ou des rapports hiérarchiques est difficile. Toujours protestataire envers tout ordre établi aussi bien sur son lieu de travail que dans son environnement familial.

Très indépendante elle cherche à montrer et à prouver qu'elle n'a besoin d'aide de personne. Pire, il est exclu qu'elle demande de l'aide à quelqu'un. Il lui est difficile de remercier pour une faveur reçue. Cette manière d'avancer peut la rendre agressive de temps en temps. Mais très inventive, elle parvient souvent à trouver des dénouements à ses difficultés sans faire appel à ses amis, à autrui.

> **SOUTIEN-GORGE A BALCONNETS AVEC ARMATURES**
> Bretelles attachées latéralement avantageant les petites poitrines, bordure rafée sur le décolleté pour révéler plus la féminité.

Profil de la Femme :

Le PLUS +

* **pétillante**, - vive et pleine de gaieté …

* **facile à vivre,** - avenante et sociable …

* **généreuse,** - désintéressée et généreuse envers ses semblables…

Le MOINS -

* **capricieuse,** - selon le temps, souvent ensoleillée, des fois pluvieuse…

* **joueuse,** - un plaisir de pianoter avec les sentiments des autres …

* **peu méfiante,** - pas assez prudente face à l'étranger …

Vie privée :

Génération 16/25
Femme jeune soit fraîchement unie en couple, soit pleine d'enthousiasme pour de nouvelles rencontres. Mais attention, elle sait choisir. Elle a besoin d'être amoureuse pour se sentir bien. Vivre seule est très difficile. Ceci peut lui poser quelques problèmes de temps en temps.

Génération 26/39
Elle est peu méfiante et cherche surtout un rapport de confiance avec son partenaire. Pour l'homme il est agréable de s'installer dans une telle atmosphère et oublie souvent qu'elle aussi a besoin de son espace et de ses libertés. Elle ne supporte pas la possessivité.

Génération 40+
Femme impitoyable, surtout si un brin de méfiance s'installe dans la vie du couple. Ses caprices peuvent aller loin jusqu'à mettre le couple en danger. Dans une telle situation le partenaire est bien conseillé de tout entreprendre pour rétablir une situation de confiance et de faire bien attention à ne pas blesser la femme qu'il aime.

VIE PROFESSIONNELLE :

La femme qui choisit un si joli soutien-gorge profite pleinement de la vie et différencie résolument vie privée et vie professionnelle. Il peut s'agir d'une jeune femme encore en temps d'étude ou de formation, ou d'une femme au début de son chemin professionnel. Dans son plan de carrière, s'il existe, elle ne cible pas un fauteuil généralement réservé aux titulaires d'une multitude de diplômes. Elle aime trop la vie pour la sacrifier aux aléas et contraintes d'une carrière à responsabilité.

Cela dit, si ce délicat soutien-gorge n'est porté que très occasionnellement aux rares moments de détente ou de défoulement dans des soirées entre copains et copines, la jeune femme peut être une représentante exemplaire de nouvelles générations studieuses et responsables qui savent mieux organiser leur vie que leurs aînées. Un temps pour les durs labeurs, un temps pour les amusements. "Full-Moon-party", un mot qui exprime un savoir-vivre ou standing pour les uns, - un mot complétement inconnu pour les autres.

Mais si ce soutien-gorge est porté par une femme d'âge avancé, elle se sent bien installée dans son fauteuil confortable. Elle a su gagner la place sollicitée et peut se permettre des libertés dans son quotidien. Libertés vestimentaires ? Pas seulement. Ce soutien-gorge exprime une assurance à toute épreuve sur son lieu de travail. Aussi bien à l'égard de ses collègues que face à la clientèle. Ceci représente un appréciable plus pour l'entreprise. Il serait souhaitable de recevoir un retour pécuniaire comme remerciement.

... Et en ce qui concerne l'amour ?

Il est impensable que cette magnifique personne ait des problèmes à ce sujet. Toujours ouverte pour de nouvelles rencontres. Toujours souriante quand il s'agit d'une petite aventure. Toujours feu et flamme pour l'homme qu'elle aime. Et naturellement, son amour du moment est pour elle l'amour pour la vie. Impossible que cet amour puisse s'arrêter un jour.

Quand elle aime, elle aime ! Et cela veut dire que plus rien au monde ne compte pour elle, sauf son amour pour lui, le seul. Mais c'est peut-être justement ce dernier point qui de temps en temps lui crée de gros problèmes, transforme sa vie en un vrai chaos.

Vu qu'elle est toujours convaincue que son compagnon sent et vit le même amour qu'elle, cette femme ne se rend jamais compte quand le partenaire commence à ouvrir les yeux sur la concurrence féminine. Et même quand elle le remarque, elle ne veut rien savoir. Son compagnon du moment peut se permettre n'importe quoi, elle lui pardonne. Et boum, avec grand étonnement arrive le jour où elle se retrouve seule. Mais on peut en être sûr, l'amour suivant les choses se passeront de la même manière.

... Que pense l'homme ?

"Vas-y mec, ce petit bijou a besoin de toi ! Elle vit en couple ? No problem! Cette petite est faite pour toi. Et si le compagnon pose problème, construis une intrigue et mets-toi entre les deux. Tu verras que LUI est le maillon faible ! Joue le bon ami, console et réconforte la petite. Donne lui l'impression que TOI, et toi seul est un vrai ami, un vrai homme, un homme comme elle en a toujours rêvé. Joue la comédie. De toute façon, One-night-stand ou plus, passe un bon moment" !

...Et que dit le COACH ?

Il n'est pas facile de conseiller à un pigeon de devenir un faucon. Jeune femme, réveillez-vous, arrêtez de vous dire "tout le monde est beau, tout le monde est gentil". Vous donnez trop, beaucoup trop ! Et que recevez-vous en échange ? Devenez plus critique dans vos choix !

> **SOUTIEN-GORGE NOIR à armatures**
> **avec cups bordés violet**
> **Couleur noire avec bordure violette**
> **Coupe avantageuse pour petits seins**

PROFIL DE LA FEMME :

Le PLUS +

* **consciencieuse,** – toujours précise dans ses actions…

* **déterminée,** - jamais un arrêt avant l'arrivée au but…

* **sincère,** - mentir n'est pas son truc…

Le MOINS -

* **aventurière,** - la vie est trop courte pour rester immobile…

* **protestataire,** - si nécessaire…

VIE PRIVEE :

Génération 16/25
Son immense joie de vivre s'exprime à merveille par le petit nœud du pont entre les deux bonnets, extrêmement risqué, mais au regret de ces messieurs les voyeurs, ce petit nœud tient et ne cassera pas ! Au travail, on la tient pour un sérieux exemple. Aller au fond des choses, être consciencieuse et méticuleuse dans l'exécution de tâches aussi difficiles soient-elles, c'est ainsi qu'elle conçoit sa journée productive.

Génération 26/39
Cette femme possède tout pour être heureuse ! Problème, elle n'a pas encore compris qu'elle nage dans le bonheur. Naturellement, sa conduite énergique et dévouée sur son lieu de travail ne trouve pas que de l'admiration, elle réveille aussi quelques jalousies de la part de certains collègues moins efficaces. Ceci la gêne car elle se bat toujours pour une bonne entente, elle défend par tous les moyens le Team-Work, le "un pour tous" et "tous pour un".

Génération 40+

Femme courageuse, femme de caractère. Elle aime la vie comme elle adore être entourée d'amis. Il en résulte que peu de ses soirées restent libres pour sa famille. Et pourtant, elle est fine cuisinière : la cuisine française, espagnole, anglaise ou chinoise, - elle adore les nouveautés, les petits amuse-gueules. Ses rêves : voyager en groupe, voir d'autres populations et comprendre leurs cultures.

VIE PROFESSIONNELLE :

Consciencieuse ? Personne ne peut être plus consciencieuse que cette femme. Son engagement dans le travail, son sérieux 24 heures sur 24, sa régularité s'il s'agit de l'exécution d'une tâche difficile, toutes ces caractéristiques qui décrivent sa vie professionnelle.

Respectée et appréciée par ses collègues, sa vie est dure et lui demande beaucoup d'efforts. Seule une personne extraordinaire est capable de développer et engager une telle énergie.

Mais, comme toujours, là où il y a admiration il y a jalousie. Jamais à face découverte, toujours dissimulée sous des apparences fallacieusement "amicales". Très difficilement reconnaissable. Un danger, habituellement ignoré qui lui occasionne immanquablement des déceptions inattendues.

Néanmoins, un de ses principes de vie, toujours positiver, lui interdit de peiner interminablement. Elle encaisse le coup et regarde en avant.

Comme c'est la règle en général chez la femme qui avance en âge, une fois la quarantaine arrivée, un peu moins de dépenses en énergie lui rend la vie professionnelle plus paisible. Elle accepte plus facilement des compromis, des accords qui ne correspondent pas toujours à des positions prises.

Même les relations entre collègues deviennent presque amicales. Ceci amène vers la création de nouveaux cercles d'amies. Étonnant, néanmoins explicable. Plus cool, moins stricte, plus ouverte vers les autres, cette femme quitte l'ambiance stressante qui régnait dans sa vie professionnelle.

... Et en ce qui concerne l'amour ?

Quand une femme est née pour l'amour, il est difficile pour elle de trouver chaussure à son pied. Oh, des candidats il y a en masse. Mais la plupart en-dehors de ses exigences.

D'abord, malgré son apparence solide, cette femme cherche et cherchera toujours la protection d'un homme fort. D'un homme généreux et bon, mais aussi bien capable de sortir une laisse pour bien lui définir son terrain de jeu, dans lequel elle peut s'éclater en totale liberté sans jamais déborder des limites indiquées.

Si elle rencontrait un tel homme, l'union pourrait durer indéfiniment. Ce serait le bonheur dont elle rêve.

... Que pense l'homme ?

"Olé-olé", cette femme aime déguster les bons plats. Mais son sens de liberté, la soif d'une vie pleine d'actions et de surprises sont immenses et actuellement elle n'a pas envie que cela change.

Un jour, elle se calmera, mais entre-temps il faut attendre.

De toute façon, cette femme se mérite. Et surtout, l'homme a intérêt d'être à la hauteur ! Petits losers s'abstenir !

... Et que dit le coach ?

Débordante d'énergie, toujours sur le qui-vive, cette femme n'a pratiquement qu'elle-même comme ennemi. Beaucoup de choses qu'elle construit avec sa main gauche, sont anéanties par sa main droite sans faire attention.

Professionnellement elle pourrait envisager occuper les plus hautes positions dans son environnement de travail, mais totalement dépourvue de diplomatie, elle se ferme sans recours les portes d'origine grandes ouvertes.

Un peu plus de souplesse dans toutes ses activités lui faciliterait beaucoup sa vie de femme !

> **SOUTIEN-GORGE avec armatures**
> **Couleur décente**
> **Cups en tulle transparent avec dessin finement brodé**

PROFIL DE LA FEMME :

Le PLUS +

* **Femme de carrière -** proche d'une femme "ALPHA"…

* **combattante, -** toujours prête à défendre ses intérêts…

* **cultivée, -** avec un sens distingué pour les belles choses…

Le MOINS -

* **fragile, -** quand ses talents ne reçoivent pas ce qu'ils méritent …
* **sentimentale, -** un peu, pas trop …
* **égocentrique, -** belle femme, … et elle le sait …

VIE PRIVEE :

Femme de carrière ou femme gestionnaire, sa personnalité est proche d'une femme "ALPHA". Femme "ALPHA" qui ordonne, qui organise, qui maîtrise. Elle exige le respect, prête à déclarer la guerre en cas de manquement.

Des mots durs, mais elle est comme ça. Proche d'une femme "ALPHA", mais nullement à cent pour cent. La couleur et le dessin du soutien-gorge trahissent une certaine tendance vers une sentimentalité prononcée, attribut non acceptable pour une femme "ALPHA".

Génération 16/25
Depuis sa plus tendre enfance elle s'échappe, dès qu'elle peut, dans un monde de rêves où la politesse et la gentillesse sont les maîtres de son univers. Un monde où les gens s'entraident, où les hommes sont restés courtois, où les anciens reçoivent le respect qu'ils méritent.
 Malheureusement, ces rêves ne sont jamais d'une longue durée, la réalité la récupère très vite et elle redevient la jeune femme "ALPHA".

Génération 26/39
Élégance et une certaine image de la beauté lui sont innées dans sa vie de tous les jours. Elle aime, comme beaucoup de ses amis, les belles choses. Sa garde-robe se remarque par sa finesse, son coloris délicieusement ajusté, mais aussi par sa simplicité surprenante. Elle a horreur du "bling-bling".

Génération 40+
Comme single ou femme mariée, elle a réussi à s'installer dans un environnement confortable. Côté sentimental, elle fait tout pour être comblée. L'amour n'est pas un simple cadeau, il faut se battre à chaque instant pour l'entretenir !

Vie professionnelle :

Très peu de femmes peuvent se faire valoir d'un caractère aussi fort, aussi équilibré. Un pôle de stabilité dans toute entreprise. En tant que gestionnaire sûre de ses décisions. En tant que membre du personnel une salariée parfaite, sous condition qu'elle reçoive le respect et la confiance qu'elle mérite.

Qu'une telle personne dans une grande entreprise puisse être source de jalousie et de rivalité est évident. Il se peut qu'en souterrain un petit nombre de collègues ne lui veuillent pas que du bien. Selon certains, elle reçoit trop d'admiration et surtout trop de compliments de la part de la direction. Justifié ou pas, ceci crée une indéniable amertume.

Et elle, se sentant injustement attaquée, fait souvent l'erreur typique pour une personne de caractère fort, elle ignore les moqueries et insinuations sans faire face au problème, comme s'il n'existait pas.

Dans une structure de travail moins importante, les choses se passent autrement. Elle est le point central et tout le monde s'adapte plus ou moins sans problèmes. Elle se montre plus camarade, plus facilement approchable, même quelque fois conseillère pour résoudre les problèmes d'ordre privé. Dans ce cas, elle devient une vraie amie, une personne aimée en plus du respect qu'on lui adresse.

… Et en ce qui concerne l'amour ?

… quand il fait chaud, il fait chaud ! Question : femme amoureuse ou incontestable signal d'alerte ?

Avoir choisi ce soutien-gorge sans avoir été tourmentée par des pensées d'amour est difficile à croire. En s'offrant cette jolie pièce de lingerie, brûlait-elle de faire naître le plaisir chez quelqu'un ou a-t-elle agi pour se faire plaisir à elle-même ?

Première option : cette femme est follement amoureuse ! Rien, mais vraiment rien ne lui fait peur pour montrer ses désirs amoureux à son ou sa partenaire. Elle ne diffuse que des rayons de soleil autour d'elle, fière d'aimer, fière d'être aimée. Du bonheur aveugle incluant le risque d'une déception.

Option numéro deux : Une femme en souffrance ! Une envie forte de changer son quotidien esseulé, froid et sans couleurs. Le manque d'affection sensuel l'amène vers des rêves lointains, sans partenaires irréalisables.

Mais il existe une troisième option : Cette femme n'a qu'un désir, être belle ! Elle n'a besoin de personne. Les caresses manquantes, elle se les octroie toute seule. Le miroir est son seul ami.

… Que pense l'homme ?

"La Belle au bois dormant" ou "La princesse des glaces" ? L'approche ne sera jamais facile, mais quel bonheur de pouvoir partager des moments tendres avec une telle femme. Mais attention, la barre de ses attentes est placée très haute !

… Et que dit le coach ?

Si cette femme a tout pour plaire, son caractère est la source de ses problèmes de manque de contacts. Ses dessous sont d'une finesse emplie de grâce. Mais elle cache son talent et ses envies sous des survêtements d'une incroyable insignifiance. Madame ! Débarrassez-vous de vos vieilleries et démasquez votre vraie nature !

> **SOUTIEN-GORGE avec armatures**
> **Cups trois quarts**
> **Couleur rose éclatant avec dessins d'un rappel à la jeunesse**

Profil de la Femme :

Le PLUS +

* **dévouée –** envers son entourage…

* **harmonieuse, -** dans ses sentiments…

* **courageuse, -** quand elle a décidé de partir…

Le MOINS -

* **hésitante, -** chaque action demande réflexion…

* **maline, -** pour arriver au but…

Vie privee :

Génération 16/25
Son plus gros problème : elle ne sait jamais ce qu'elle veut. Terrible ! Dans la vitrine d'un magasin elle voit un soutien-gorge qui lui tape à l'œil. Elle rentre et elle en ressort avec un tout autre qui ne ressemble en rien à son premier choix et pire, en sortant, une fois devant la porte du magasin, elle regrette son achat ! Et voilà, que ce soit en famille, au travail ou en amour, pour tout, "petite Mimi" fonctionne comme ça !

Génération 26/39
Dépassé l'adolescence, cette femme ne manque pas d'énergie pour entreprendre, pour créer, pour développer des idées et, en surprenant tout le monde, pour aller jusqu'à leur réalisation. Les résultats de ses travaux trouvent toujours les plus grandes éloges et approbations. Dans ces moments elle a l'impression de vivre sa vraie vie.

Génération 40+

Elle rêve de pouvoir voyager, visiter les pays lointains, s'enrichir de cultures inconnues, de faire de nouvelles rencontres. Elle aimerait avoir des amis partout dans le monde, élargir ses connaissances.

Vie professionnelle :

Le travail ne lui a jamais fait peur. Très jeune elle s'est habituée à mettre les mains à la pâte. Il le fallait car ses parents n'étaient pas des plus fortunés. Si elle a pu faire des études, c'est grâce à ses petits boulots qu'elle se cherchait de temps en temps.

Si en entreprise elle est bien installée dernière un bureau, il ne lui est pas difficile de remplacer n'importe quel homme. Prendre un tournevis, une perceuse ou marteau pour taper contre un mur ne lui pose aucun problème. C'est une des raisons de sa popularité dans son entourage.

Mais la grande admiration de ses collègues trouve son origine dans son surprenant goût pour les belles et exquises choses. Son sens pour tout ce qui s'approche des Beaux-arts.

Il n'est pas à exclure que depuis toujours son travail de rêve se situe autour ou dans une galerie d'art. Si elle-même ne possède pas réellement la qualification pour exercer un métier artistique, assister à la création d'un œuvre, conseiller le maître ou défendre ses créations en tant qu'attachée de presse, lui donnerait plus que satisfaction.

D'ailleurs, les métiers de la communication lui plaisent en général. Pas vraiment le type d'une journaliste (il lui manque l'agressivité nécessaire pour une journaliste), - mais attirée plutôt pour le travail en backstage, en arrière-plan. Préparer une émission radio ou télévisée, écrire des scénarios ou préparer une conférence de rédaction, toutes des activités se trouvant dans ses préférences.

Si elle peut choisir entre un travail en groupe ou une activité se trouvant seule dans un bureau, elle préfère le Team-Work. Malgré son caractère solide et aucunement volatile, cette femme a besoin de se rassurer, de recevoir des critiques constructives, et même des compliments. C'est une femme, forte et fragile en même temps.

… Et en ce qui concerne l'amour ?

En fait, cette femme dispose de tout pour vivre pleinement une existence d'amoureuse parfaite.

C'est une belle femme. Elle possède un charme féminin extraordinaire. Et même si elle défend farouchement le principe de l'égalité des sexes, elle n'est pas une, comme on dit, « féministe ».

Que faut-il de plus pour être admirée, courtisée et aimée par la gent masculine ?

Il n'est pas impossible qu'à notre époque où la consommation immédiate, le sexe en toute liberté partout et à n'importe quel moment, sont la règle, elle manque le goût pour l'aventure. Faire des rencontres d'un jour, coucher aussitôt qu'un rigolo la flatte avec de beaux mots, ne sont pas inclus dans ses idées sur l'amour.

L'amour, pour elle, est une histoire sérieuse.

… Que pense l'homme ?

Les hommes voient en elle une fille facile. Mais ils se trompent largement. Oui, elle ressent le plus grand plaisir quand elle se trouve au milieu d'un groupe d'hommes lui faisant la cour. Oui, elle les encourage, oui, elle les "allume". Mais, et ce "mais" est un grand "MAIS", cela ne va que très rarement plus loin. Et une fois en couple, elle fait tout pour ne donner aucune raison à son partenaire d'être jaloux.

Bouffons et guignols s'abstenir !

… Et que dit le coach ?

Le choix de ce soutien-gorge signale une joie de vivre extraordinaire. Mais si ces couleurs ne sont portées sur les sous-vêtements, ce soutif réclame un PLUS. Plus de courage pour un changement ? Un désir de retrouver une certaine légèreté perdue ? Donnez-vous un bon coup de pied et réalisez votre rêve. Il n'est pas aussi difficile à réaliser que vous le pensez !

L'artiste,

La femme créative

Femme d'un caractère agréable où la spontanéité domine. Quel bonheur de pouvoir vivre dans l'ambiance d'une telle douceur. Elle fédère la gentillesse à l'honnêteté. Elle est incapable de tromper son vis-à-vis.

Elle éprouve beaucoup de mal à mentir, surtout si ses activités professionnelles l'exigent. C'est la raison pour laquelle son environnement de travail la considère souvent comme outsider, non-conforme au règlement interne de l'entreprise. Un changement d'employeur est souvent la seule solution.

Pourvue d'un grand sens artistique, elle se sent vraiment à l'aise entourée de femmes ou d'hommes de métiers d'art, sculpteurs, peintres, musiciens, etc. Obstinée elle possède toutes les qualités pour gérer une carrière artistique.

> **SOUTIEN-GORGE A BALCONNETS AVEC ARMATURES**
> Coupe ¾ en coton naturel. -- coupe et coloration simple
> avec bordure fantaisie sur les bonnets

Profil de la Femme :

Le PLUS +

* **sensible, –** aux problèmes d'autrui…

* **délicate,** - et attrayante son apparence…

* **authentique,** - et naturelle…

* **fidèle,** - à tous ses engagements…

Le MOINS -

* **engagée,** - pour défendre toute idée juste…

* **tenace,** - pour arriver au but…

Vie privée :

Génération 16/25
Jeune femme qui aime le naturel. Sophistiquée et quelquefois surprenante dans ses choix de vêtements, elle est souvent considérée comme une femme à part. De longues heures de shopping en admiration devant des choses jolies et simples et proche de la nature en résultent.

Génération 26/39
Elle est courtoise et conciliante notamment si l'entourage lui réserve du respect et l'attention qu'elle mérite. Elle aime être admirée pour ses talents, être le point central d'une réunion entre amis. Mais attention, elle peut soudainement se montrer ferme et intolérante face à une personne qui ne lui convient pas. Cette intolérance peut aller jusqu'à une confrontation et divorce définitif.

Génération 40+
Cultivée, elle appartient souvent au milieu de l'éducation. Dans ce cas elle aime la peinture, les dessins, la musique douce. Possédant un grand sens de la justice, elle rêve d'un monde plus juste avec moins d'inégalités entre les hommes, d'un monde en paix.

VIE PROFESSIONNELLE :

Depuis son enfance, cette femme est habituée à mettre les mains à la pâte. Malheureusement, la situation de ses parents ne leur a pas permis de lui offrir une scolarité qu'elle aurait méritée. Malgré son intelligence, les portes vers une grande carrière professionnelle lui sont restées closes.

Les recherches d'un emploi lui correspondant sont toujours assez difficiles. Plusieurs tentatives infructueuses pour décrocher une formation ou un emploi qu'elle pourrait aimer l'ont amenée au moins une fois au bord d'une situation dépressive. Mais finalement, grâce aux aides venant de son cercle d'amis, elle a trouvé l'énergie et la force pour trouver sa place dans la société.

Appréciée par ses collègues pour sa gentillesse, elle représente un type d'employés qu'on peut décrire avec les mots "sérieux", "fiable" et "précieux".

Mais attention, en elle dort un côté protestataire. L'injustice, un sujet explosif pour elle. Ses ennemis de prédilection sont les Alphas, soient-ils du sexe masculin, ou du genre "femmes fortes".

Leur soi-disant "supériorité", leur comportement condescendant envers leurs subordonnés lui posent énormément de problèmes. Il en résulte que ses relations avec ses employeurs peuvent être tendues selon leur comportement.

Il n'est pas rare qu'elle proteste devant une de ses collègues mal traitées et récolte ainsi la foudre de ses employeurs. Et pourtant, elle ne réclamait que de la justice !

... Et en ce qui concerne l'amour ?

Si "l'amour" d'une femme est synonyme d'abnégation et "de tout donner", cette femme est la représentante par excellence. Si elle trouve le partenaire dont elle a besoin offrant pôle de sécurité et force du couple, elle est capable de tout !

Ici, un mot sur le soutien-gorge devient nécessaire. Il n'est pas important que les bordures soient de la couleur rose. Tant qu'elles gardent une couleur neutre. Important sont le tissu, la coupe et le dessin qui expriment gaieté et une très grande simplicité.

... Que pense l'homme ?

Mystérieuse et inaccessible, c'est pour charmer son entourage. Son grand sens artistique et son faible pour les cachoteries ne facilitent pas ses relations amoureuses.

Ces caractéristiques sont très souvent mal ou pas du tout comprises par l'éventuel partenaire. Mais c'est juste dans ces moments d'hésitation du partenaire que cette femme généreuse peut se montrer exceptionnellement chaleureuse et aimante, aimant sans retenue.

... Et que dit le coach ?

Grande douceur et finesse caractérisent cette gentille personne. Tant qu'on ne la cherche pas !

Il est fortement déconseillé de vouloir en abuser. Cette femme possède une force cachée qui peut se réveiller sans dire attention.

Dans ces moments-là il serait plus judicieux de laisser jouer son charme et employer ses talents diplomatiquement.

> **SOUTIEN-GORGE avec armatures**
> **Couleur noir et rouge**
> **Cups asymétriques**

PROFIL DE LA FEMME :

Le PLUS +

* **créative,** – avec un grand sens artistique…

* **vive,** - difficile à dompter…

* **déterminée,** - aller au but sans détour…

Le MOINS -

* **égocentrique,** - plus belle, plus magnifique qu'elle n'existe pas …

* **aventurière,** - avec prise de risques, s'il faut…

VIE PRIVEE :

Génération 16/25
Ses amis l'admirent pour ses talents artistiques, sa créativité, son amour pour les belles choses. Elle a besoin qu'on l'admire. Admiration sans laquelle sa vie ne serait pas aussi belle. Quelquefois elle a tendance à négliger le côté financier de son train de vie. Heureusement il existe dans ces moments de bons amis qui l'aident à redresser la situation.

Génération 26/39
Création et imagination sont les deux mots majeurs de son quotidien. Elle aime son travail, femme qui aime la réussite professionnelle.

Fond noir avec flamme pourpre sur un seul bonnet, ce soutien-gorge exprime à merveille sa vue sur la vie : soit calme et cool dans le quotidien, mais enthousiaste et explosive dans le mouvement ! Et gare à celui qui ne la suit pas quand elle bouge !

Génération 40+

Femme qui aime le confort, un certain standing. Travaux ménagers ? Elle les déteste ! Il se peut que pendant trois jours cette femme ne rentre dans sa cuisine que pour ouvrir le réfrigérateur pour se nourrir, - la vaisselle pendant ce temps s'entasse tranquillement. Elle est une adepte des objets jetables, pratiques à l'utilisation et pratiques car sans travaux de nettoyage ou d'entretien.

VIE PROFESSIONNELLE :

Une femme aussi vive ne peut avoir qu'une vie professionnelle mouvementée, remplie de turbulences.

L'effort parental lui a permis de suivre une formation professionnelle selon ses goûts, selon ses souhaits. D'ailleurs, n'ayant que très rarement était confrontée à une opposition de la part de ses parents, elle s'est confortablement installée dans un environnement où uniquement elle compte, uniquement elle a raison. Ceci n'a pas facilité son cursus professionnel.

Son caractère l'a poussée soit vers la recherche d'une place dans l'éducation nationale (professeur de matières artistiques), soit vers un métier qui lui procure suffisamment d'espace en libertés, (gérante ou seule employée dans une galerie d'art, cabinet de profession libérale, etc.).

En tant que professeur de dessin ou de musique, elle est adorée par ses élèves. Plutôt comme camarade que maîtresse. Les strictes règles de discipline lui font horreur. Étant compétente dans ses matières enseignées plus que personne d'autre, elle récolte admiration et respect.

Comme employée dans un cabinet de profession libérale, ses talents et ses compétences ne sont qu'à moitié mises à profit. Elle ne s'active pas avec l'enthousiasme dont elle est capable. Elle ne fait que répondre à ce qu'on lui demande.

Il se peut qu'après quelques tentatives infructueuses pour trouver sa place dans une des structures existantes elle se soit installée à son propre compte. Mais là, elle se bat contre une de ses phobies : elle déteste les chiffres ! Les maths n'ont jamais été ses amies. Et parler comptabilité ou gestion d'entreprise lui procure des maux de tête.

... Et en ce qui concerne l'amour ?

Cultivée, douée d'un sens spirituel aiguisé, et belle de surcroît, cette femme est faite pour être ce qu'on appelle "une grande amoureuse". Se réserver pour un seul amant s'apparente presque comme une insulte à ses yeux.

Mais attention, elle est loin, même très loin d'une personne qu'on appelle "une femme légère". Très, très loin ! Elle aime, elle ne se vend pas ! Elle se donne à qui la mérite. Et la barre de ses exigences est placée très haute. Sans sous-estimer les qualités d'un honnête ouvrier, elle examine l'homme d'abord selon sa culture, son statut dans la société, son comportement chevaleresque. Un homme élégant, qui a du charisme et demande du respect, voilà le profil idéal pour lequel elle a du mal de résister. Et si en plus il est capable de lui offrir une destinée sans problèmes matériels, alors elle s'ouvre comme la plus belle rose et devient capable de tout.

... Que pense l'homme ?

Il suffit d'échanger seulement deux mots avec elle et le looser comprend que cette femme n'est pas une proie pour lui.

L'homme cultivé ne peut qu'éprouver de l'admiration pour cette femme riche en originalité et qualités particulières. Gagner son amour ne peut être qu'un temps de bonheur et de joies. Être l'élu de cette femme n'est pas seulement le plaisir de posséder une déesse de l'amour, c'est pour l'homme beaucoup plus, c'est une valorisation de lui-même.

Être l'élu de cette femme, et soit-il seulement pour un temps limité, aussi court soit ce moment, restera gravé à jamais !

... Et que dit le coach ?

Femme énergique, vive et sûre d'elle-même. Si ses intérêts n'étaient limités qu'à ce que la concerne, sans la prétention de se sentir supérieure aux autres, on pourrait la désigner comme femme ALPHA. Il lui manque cette douteuse volonté de vouloir commander, de vouloir donner des ordres. Mais est-il vraiment souhaitable d'être à tout prix une femme ALPHA ? La réponse n'appartient qu'à elle !

> **SOUTIEN-GORGE en velvet**
> **à armatures**
> **bordé d'une lisière en dentelle et nœud noir sur le pont.**

PROFIL DE LA FEMME :

Le PLUS +

* **coquine, –** et espiègle dès qu'une occasion se présente…

* **intelligente,** - et clairvoyante…

* **créative,** - attirée par tout ce qui touche aux belles choses…

Le MOINS -

* **délicate,** - et fragile face aux difficultés…

* **tendre,** - et souvent trop "bonne"…

VIE PRIVEE :

Génération 16/25
Préférant toujours une ambiance de calme et de réflexion, elle prend son temps pour faire chaque chose selon son rythme à elle, aussi bien dans sa vie privée que professionnelle. Et attention, on est mal conseillé de vouloir la dominer ou l'obliger à faire quelque chose qui n'est pas dans son intérêt ou n'a pas été voulu par elle-même. Il n'en résulterait qu'un blocage total sans possibilité de trouver de compromis.

Génération 26/39
Son calme et sa gentillesse, elle n'a rien d'une femme ALPHA. Et pourtant, femme intelligente et très active, elle possède des atouts pour être reconnue. Envers ceux qui la rencontrent avec respect, elle est tolérante et sans aucune rancune envers leurs éventuelles erreurs.

Génération 40+

Son rêve : une vie enchantée à côté d'un homme bon, pleine de douceurs, d'humour et d'attentions dans laquelle la question d'avoir des enfants n'est pas sa préoccupation première. Mais ayant eu des enfants en tant que mère soucieuse, elle cherche maintenant à réaliser ses projets artistiques, peinture, couture ou autres.

Vie professionnelle :

Quelquefois, la vie est mal faite. Cette femme intelligente et travailleuse aurait mérité une scolarité plus poussée. Malheureusement les moyens de ses parents ne lui permettaient pas de suivre un cursus supérieur.

Elle préfère un travail valorisant, stable et correctement rémunéré chez un employeur, plutôt que la liberté de gestion et d'organisation de ses capacités professionnelles dans une entreprise à son nom. Peur de la responsabilité, peur de l'insécurité matérielle, peur devant la prise de risques.

Femme d'une gentillesse extraordinaire qui rencontre que très rarement des problèmes de jalousie ou de méchanceté de la part de ses camarades de travail. Toujours souriante, très rarement en désaccord, elle prend soin d'avoir un climat de travail agréable autour d'elle.

En tant que jeune femme, elle espère un "break-out" professionnel. Le temps de s'occuper de l'éducation de ses enfants. Malheureuse petite femme si ce souhait ne se réalise pas. Son efficience et productivité en souffre sur son lieu de travail. Elle passe alors une période difficile pour elle comme pour son employeur.

Plus tard, une fois les enfants plus indépendants, elle fait tout pour se réintégrer dans une unité de travail. Et on peut avoir l'impression qu'elle essaie de rattraper le temps selon elle perdu. Elle fonce avec des résultats surprenants pour tout le monde. Très appréciée par ses collègues et par ses supérieurs.

... Et en ce qui concerne l'amour ?

Femme mignonne, femme expressive, femme sentimentale, - une femme faite pour une vie amoureuse joueuse. Toujours présente s'il y a une sortie, un party ou une fête entre copains ou amis à organiser.

Mais attention, sa gentillesse disparait immédiatement si certaines limites sont transgressées. Voulant toujours vivre une vie en rose, elle ne supporte pas l'agressivité ou le non-respect de certaines espèces impropres à la consommation de la gent masculine. Et une fois rejeté, c'est rejeté pour toujours !

Sinon, charmeuse comme elle est, ses techniques de drague sont admirables. Que peu de mecs possèdent assez de force pour ne pas tomber. Et quand elle sort le grand jeu du style "Shane", elle est capable de rentrer chez elle suivie par toute une équipe de Rugbymen. (Mais seulement peu arrivent jusqu'à la porte de sa chambre) !

... Que pense l'homme ?

... qui ne voudrait pas, et soit-il pour un seul jour (ou nuit), être l'élu de cette mignonne ? ... quel mec refuserait les gentilles caresses d'une poupée aussi attachante, aussi désirable ?

... Et que dit le coach ?

Une femme qui semble aimer et profiter de son existence. Pleine d'énergie elle semble transmettre à tout son entourage son allégresse pour surmonter les soucis de tous les jours.

Avec son talent d'amoureuse, elle est capable de rendre fou n'importe quel homme, soit-il ange ou monstre ! Mais à l'opposé, dès le moindre faux pas du bougre, elle n'hésite pas à mordre ! Et ça fait mal, vachement mal ! On ne peut que souhaiter qu'il n'y ait jamais de riposte musclée. Alors pourquoi ne pas se former aux arts martiaux ? Juste pour être préparé au cas où ...

> **SOUTIEN-GORGE avec armatures**
> **Tulle vert transparent**
> **avec broderie en formes géométriques rondes**

PROFIL DE LA FEMME :

Le PLUS +

* **créative,** – dans le sens artistique…

* **extravagante,** - si les moyens le permettent…

* **courageuse,** - prête à se battre s'il le faut…

Le MOINS -

* **aventurière,** - en prenant parfois des risques inutiles…

* **intraitable,** - quand elle défend ses opinions…

* **indécente,** - pour son plaisir…

VIE PRIVEE :

Génération 16/25
La femme qui choisit la couleur verte pour couvrir ses seins est soit une personne froide sans sentiments érotiques, soit une femme courageuse, extravagante possédant de multiples talents artistiques.

Élire un tissu comme le tulle extrêmement transparent prouve que cette jeune femme appartient au groupe de femmes talentueuses amplement sensuelles et très créatives.

Le mot "créatif" est d'ailleurs son leitmotiv de tous les jours.

Génération 26/39

Sur son lieu de travail, elle est "créative". La décoration de son habitat est haute en couleurs, inspirée par sa "créativité". Sa cuisine est "créative", qui veut dire "naturellement BIO". En résumé : une femme d'un caractère extraordinaire.

Génération 40+

Sérieuse dans l'exécution de ses tâches quotidiennes, elle récolte reconnaissance et gratitude sans relâche. Ses amis l'admirent pour sa régularité et sa détermination. Peu de choses peuvent la sortir de son calme ou ébranler sa prudence bienfaisante quand elle est obligée de trouver des solutions aux problèmes rencontrés.

VIE PROFESSIONNELLE :

Le choix d'une couleur froide comme le vert pour un soutien-gorge témoigne d'une existence dure et couverte de luttes au quotidien.

Très peu à dire sur sa jeunesse, mais l'entrée dans la vie active a été remplie d'embûches. Que tard, et seulement après maints changements dans ses idées, elle a pu trouver l'activité professionnelle qui la satisfait.

Et encore, son sens artistique, son penchant vers la création restent toujours inexploités au grand dam de cette femme fortement expressive.

Ses ambitions professionnelles se trouvant plutôt dans les métiers de la couture, la photographie, le dessin. Aujourd'hui elle se trouve à exercer une activité qui lui apporte du respect, de la sécurité, mais qui la prive en grande partie de la création.

Ses professions peuvent être dans l'éducation, l'assistance juridique ou proche des occupations environnementales.

En tant qu'enseignante, respectée et distante, elle possède le potentiel du savoir sans pouvoir créer de relations chaleureuses ou amicales avec ses élèves ou étudiants.

Grâce à son fort caractère et à sa ténacité pour aller au bout de ses actions, un métier dans l'assistance juridique correspond favorablement à ses capacités.

Les préoccupations environnementales d'aujourd'hui réclament l'engagement de personnes comme elle, courageuse, intraitable et efficace.

Si elle y a trouvé sa place, ses collègues la respectent et acceptent volontiers une certaine soumission. Proche d'une femme ALPHA, elle s'est formée à donner des ordres. Recevoir des ordres est mal vécu.

Son idéal professionnel se trouve dans une structure indépendante. Être la patronne d'un bureau d'études, d'un cabinet de conseils, d'un atelier de création.

... Et en ce qui concerne l'amour ?

Femme forte, femme exigeante. Dans sa jeunesse, elle n'a jamais été ce qu'on appelle "une dragueuse". Plutôt sage et froide en face des garçons. Et comme d'habitude, une fille dite "sage" incarne le pigeon idéal pour les pisteurs en quête de proie. Il en résulte qu'elle n'a pu éviter les déceptions douloureuses.

Même si ces expériences ont laissé un goût amer, elle, comme toute femme intelligente, a tiré les leçons de ce qu'on lui avait présenté comme "banales expériences amoureuses". Elle a appris à retourner la lance et selon ses humeurs, à aimer ou à tuer. Pour certaines espèces de la gent masculine elle représente un danger véridique.

... Que pense l'homme ?

Madame aime jouer avec le feu. Voyant les hommes voleter autour de la bougie allumée et se brûler les ailes est pour elle un vrai plaisir. C'est presque une nécessité dont elle a besoin pour exister.

Mais attention, pour un mec intelligent et solide comme elle, sa coquetterie et son comportement en finesse d'aguicheuse peut être une invitation au jeu. Si l'homme se sent assez costaud, on ne peut que dire : Vas-y et surtout, insiste !

. ... Et que dit le coach ?

Femme admirable, femme moderne, femme ouverte au monde. Pourquoi changer si la vie est belle ?

> **SOUTIEN-GORGE en dentelle**
> **à armatures**
> **Bonnets crantés avec effet de flammes**

Profil de la Femme :

<u>Le PLUS +</u>

* **généreuse,** – partageant ses joies et ses plaisirs…

* **courageuse,** - femme forte…

* **créative,** - si une réponse n'existe pas, il faut l'inventer…

<u>Le MOINS -</u>

* **méfiante,** - à cause des expériences de la vie…

* **jalouse,** - en raison de ses déception …

Vie privee :

Génération 16/25
Particulièrement méfiante, elle dispose d'une bonne maîtrise d'elle-même et garde une distance entre elle et le monde. Elle est prudente sachant qu'il est toujours préférable de réfléchir à deux fois avant de prendre une décision. Terriblement généreuse en amour, elle est jalouse et possessive. Se faire voler son bonheur par une aventurière de passage est le pire qu'elle puisse imaginer. Au moindre doute, elle part en guerre et devient rancunière et ne pardonne rien. C'est une femme qui n'aime pas perdre, intelligente et vive.

Génération 26/39
Dans son travail, elle n'aime guère la légèreté, la superficialité. Sa vivacité, son courage sont très appréciés par ses collègues. En général, exception confirmant la règle, cette femme est douée pour manipuler et mémoriser les chiffres facilement. Elle gère parfaitement ses finances, qu'elles soient d'ordre personnel ou professionnel.

Génération 40+

Sa personne, comme tout son environnement personnel, témoigne d'un grand raffinement. Très sélective dans le choix de ses habits, de son environnement d'habitat, de son espace de vie. Mais un de ses plus grands atouts est son immense sens de l'humour et sa gaieté quotidienne. Sa joie de vivre débordante est si grande qu'elle éveille les jalousies.

Vie professionnelle :

Après une enfance et adolescence assez rude, des parents autoritaires et exigeants, elle a tôt compris que la vie ne se gagne qu'en travaillant dur. Des études universitaires n'avaient jamais été envisagées. Erreur fatale, car cette femme possède le potentiel d'une grande carrière scientifique. Potentiel qui ne sera jamais exploité.

Admirée, des fois aimée ou au contraire détestée par ses collègues de travail, hyper-dynamique, un vrai casse-cou dans l'exécution des tâches qui lui sont confiées. Nul ne peut être plus rapide qu'elle, (la raison de certains mécontents ou jaloux pour lui en vouloir). Toujours pressée, voulant exécuter cinq choses en même temps. Et en plus, le résultat de son travail résiste à toute éventuelle critique.

Même ses employeurs, généralement très satisfaits, sont obligés, dans l'intérêt du climat social, de la freiner, de la calmer dans son élan énergique. Infatigable, sans jamais se plaindre d'un trop plein de charges.

Néanmoins en un point cette femme peut se montrer plus que révoltée : une éventuelle injustice ou un comportement anti collégial. Dans un tel cas la mèche d'une charge explosive n'est pas longue. À plaindre celui sur qui la foudre tombe. Supérieur hiérarchique ou camarade de travail, elle ne fera aucune différence et se déchargera de sa colère. Et vu que sa position dans l'entreprise est indéboulonnable, elle ne se gêne pas pour aller jusqu'au bout en recevant satisfaction.

Avançant en âge, comme on peut s'y attendre, cette femme énergique presque sans limite arrive à trouver un certain calme. Elle est obligée de constater que toute son ardeur n'a souvent servi qu'aux autres sans lui apporter un quelconque bénéfice. Un constat amer.

... Et en ce qui concerne l'amour ?

On devrait croire qu'une femme aussi active, aussi vive, aussi dépensière en énergie dans le quotidien n'aurait plus assez de force à dépenser pour d'éventuels appétits sexuels.

Complètement faux ! Quand l'envie lui prend, et ça lui arrive assez souvent, elle respire un bon coup pour se libérer de toute autre chose que ses pensées charnelles et devient une femme incroyablement désirable, fulgurante, entreprenante. Sa tête chaque fois pleine de nouvelles idées, elle mène la danse, son partenaire n'a qu'à bien se tenir.

Et c'est là son problème, que peu de ceux qui se déclarent étant des hommes sont capables de suivre ses ardeurs. Au lieu d'accepter sa dominance si joliment imposée, ils essaient de se montrer aussi forts, aussi entreprenants qu'elle. Erreur fatale, l'échec est inévitable.

... Que pense l'homme ?

Elle est souvent faussement vue comme "femme frivole" ou "dragueuse". Faux, c'est une femme très pieds sur terre qui ne supporte pas les choses mal ou à moitié faites. Comme dans la vie courante, aussi honnête en amour. Quand elle aime, elle aime ! Mais comme souvent, l'homme a du mal à comprendre le sens que donne une femme au mot "amour".

Celui qui veut compter dans la vie de cette admirable femme doit s'accrocher pour arriver à ses chevilles. Looser ou "grandes gueules" s'abstenir !

... Et que dit le coach ?

Même un coach, soit-il femme ou homme, doit avoir du courage pour exprimer des avis ou conseils ne correspondant pas forcement aux idées de cette femme. Mais voilà : Un petit break de temps en temps, aussi bien dans l'action que dans la réaction, ferait du bien. Respirer un bon coup avant de fulminer ses idées contradictoires aux autres. Ce serait un bonheur pour tous, inclus pour elle-même, cette magnifique femme.

Femme des challenges, femme d'aventures

"Croquer la vie à pleines dents !" Telle est sa devise. Cette femme explose d'énergie, prête à toute nouvelle aventure. Aussi bien dans sa vie professionnelle que privée.

"Qu'on me donne un piano pour que je le porte au troisième étage" ! Aucun challenge ne lui est hors de portée.

Cette femme est tout sauf une femme d'intérieur. Il lui faut de l'espace, il lui faut du mouvement. Rien ne peut la retenir quand elle est dans son élan. Des projets sans compter, des idées débordantes, de surprise en surprise, - son entourage ne peut qu'enregistrer et laisser faire.

Mais attention, si elle est une personnalité forte, cette femme possède un côté féminin étonnant. Meilleur exemple : sa garde-robe, toujours parfaite, mais souvent surprenante. Et c'est justement avec sa garde-robe qu'elle exprime le mieux ses sentiments du moment.

Dans ses périodes de relax on peut l'admirer en jeans et t-shirt, simple mais toujours élégante car évidemment en designer-qualité. Sa garde-robe change complètement quand elle se trouve dans sa phase de créativité. Elle surprend tout le monde par sa composition de l'habit, par ces couleurs souvent agressives et non-conformes. Expression de son individualisme, de sa volonté d'être toujours une femme à part.

BUSTIER BLANC
à armatures
et trois-quarts cups

Profil de la Femme :

Le PLUS +

* **lucide,** – avec les deux pieds dans la réalité...

* **disciplinée,** - l'ordre est la base d'une société qui fonctionne...

* **audacieuse,** - pour entreprendre...

Le MOINS -

* **rêveuse,** - de temps en temps...

* **timide,** - un peu trop...

Vie privee :

Génération 16/25
Jeune femme éduquée dans les traditions. Ni timide, ni réservée, elle se différencie fortement de ses camarades et ne souhaite qu'une chose : être vue comme femme, et si possible sur une scène ! Femme authentique qui aime la vie, qui veut vivre sa vie de la meilleure façon possible.

Génération 26/39
Si la couleur blanche est en principe une couleur dite neutre, elle peut également être un symbole ou une expression forte témoignant une clarté d'esprit, une version de la vie sans courbures ni sinuosités. Femme d'une remarquable intelligence.

Néanmoins, le bustier en TROIS-QUARTS-CUT couvrant entièrement le haut de son ventre et la couleur neutre BLANCHE signale une certaine insécurité, le besoin de trouver des points d'ancrage.

Génération 40+

Femme qui sait s'entourer d'amis. Oratrice par excellence, personne n'est insensible aux belles phrases venant d'elle. Sa vie est exceptionnelle et elle a vécu des aventures petites ou grandes que tout le monde voudrait connaître. S'y ajoute son bon sens de l'humour vivace, dérisoire et plein de finesse. Ses plaisanteries drôles, gorgées d'ironie ou de sarcasme, mais jamais offensantes, égaient tout auditorium.

VIE PROFESSIONNELLE :

Grace à une éduction profondément conformiste, cette jeune femme est rentrée dans la vie professionnelle sur un chemin droit sans trop de détours. Intelligente et studieuse, les barrières des examens n'étaient jamais trop hautement placées.

Elle n'a pas eu la chance de rentrer par la grande porte. Aucun pistonnage, aucune aide de tierces personnes n'ont facilité ses progressions hiérarchiques. D'ailleurs, les avancements n'ont jamais été ses préoccupations premières. Elle est travailleuse, l'abeille Maya, toujours active, toujours prête à accepter de nouvelles tâches. Une raison de plus pour être reconnue par ses supérieurs comme un maillon solide de la structure de travail.

Ses collègues voient en elle une bonne camarade, la copine à qui on raconte tout sans avoir à craindre une concurrence déloyale. Elle est honnête, même quand cette généreuse caractéristique finit à son désavantage.

Se mettre à son compte, créer une entreprise ou travailleuse indépendante n'a jamais été son aspiration. Mais il se peut qu'elle ait été amenée à reprendre la direction d'une entreprise familiale. Dans ce cas elle se montre très bonne gestionnaire, affectueuse et responsable envers ses subordonnées, respectée de tous.

Souvent engagée dans des actions sociales, elle ne peut que difficilement dire NON aux nombreuses demandes d'associations d'aide aux personnes qui se trouvent dans le besoin. Et habituellement elle fait l'impossible pour libérer un peu de son temps pour prêter main-forte.

… Et en ce qui concerne l'amour ?

Petite femme timide, mais ne nous y trompons pas ! Il est vrai que son éducation n'a pas été orientée vers la FEMME LIBÉRÉE. Il est vrai que son caractère plutôt réfléchi, même craintif ne l'a pas poussé vers des expériences prématurées ou hâtives. Pendant que ses camarades de classes racontaient fièrement leurs premiers exploits sexuels, elle restait silencieuse et se disait : "… pourquoi se presser et prendre des risques pour si peu ?"

Et sa première expérience est arrivée sans qu'elle n'ait vu venir le coup. Le réveil a été rude. Quelle déception ! "Ce n'était alors que ÇA ?" L'envie de recommencer s'en est allé pour un bon bout de temps.

Mais finalement, un jour elle est tombée amoureuse, terriblement amoureuse ! Ce fut un réveil explosif ! Et depuis, généreuse et sans peur, elle sait donner et recevoir.

… Que pense l'homme ?

Femme élégante, femme bijou, femme de caractère. Un rêve pour tout homme intelligent. Qui ne succomberait pas volontiers au charme de cette femme ?

Mais attention, elle n'est pas un fan du One-Night-Stands. Elle a horreur d'être gibier. Gagner les faveurs de cette merveilleuse femme demande patience, beaucoup de patience.

… Et que dit le coach ?

Le chemin de sa vie jusqu'à aujourd'hui a été semé de nombreux changements et embûches. Trouver et prendre toujours le bon virage n'a pas toujours été facile.

Alors être arrivé à son équilibre actuel est superbe. Alors pour quelle raison changer quelque chose ? Non, soyez heureuse à votre façon et n'écoutez pas les autres, les frustrées, les malheureuses, les jalouses !

La papillonne,

La femme butineuse

Femme pudique et timide, toujours à la recherche d'affection. Pour se sentir bien elle a besoin de l'attention de son entourage.

Des mots gentils, des signes de tendresse, des signes de reconnaissance, - elle n'en reçoit jamais de trop.

Grande comédienne, pour cacher ce besoin de chaleur humaine elle affiche une assurance personnelle pas toujours justifiée et installe souvent entre elle et les personnes externes de son cercle familial une distance froide et inattendue qui se traduit généralement par une fausse image d'une femme hautaine et inapprochable.

Il en résulte qu'elle devient souvent une femme isolée, tout le contraire de ce qu'elle voudrait être.

> **SOUTIEN-GORGE BALCONNET à armatures**
> **Bordure sur les bonnets tulle brodé**
> **Rehaussant les seins pour obtenir des décolletés plus sexy.**

PROFIL DE LA FEMME :

Le PLUS +

* **délicate,** – et sensible…

* **sentimentale,** - et un peu rêveuse…

* **tolérante,** - et compréhensible…

Le MOINS -

* **capricieuse,** - des fois difficile à admettre…

* **indisciplinée,** - si la fantaisie lui prend…

VIE PRIVEE :

Génération 16/25
Tolérante et ouverte d'esprit, son cercle d'amis en témoigne.
Elle sait que son côté ingénu suffit à séduire son entourage.

Il lui arrive de se montrer parfois crédule. Il suffit de quelques flatteries de la part de ses amis.

Génération 26/39
Une jeune femme qui possède beaucoup d'imagination. Il lui arrive de vivre en plein jour dans un autre monde. Plus des soucis, plus de problèmes, elle se trouve emportée dans l'irréel. Naturellement que pour peu de temps. Juste le temps de reprendre son souffle.

Elle peut être douée pour le dessin, la peinture ou la sculpture même si elle n'ose pas forcément mettre ses talents en avant.

Génération 40+
Très perturbatrice à l'âge de la contestation de l'adolescence, aujourd'hui elle trouve son bonheur dans son cercle familial.

Toujours prête à aider et à intervenir si des problèmes se présentent.

Dans la gestion des problèmes personnels elle est discrète et n'en fait jamais trop. Quelquefois jugée par son entourage comme quelqu'un d'effacé. Prudente et discrète, elle n'aime pas attirer l'attention sur elle.

VIE PROFESSIONNELLE :

Après une scolarité sans accrocs importants, sa formation professionnelle n'était plus au moins qu'une formalité. Elle faisait ce qu'on lui demandait, sans plus. Elle rêvait d'un métier artistique, ou au moins d'une carrière dans la communication. Vu que pour diverses raisons ce vœu ne se réalisa pas, elle allait "au travail". C'est tout.

Aujourd'hui elle a su trouver une place dans l'entreprise correspondant à ses aspirations. Côté collègues il n'y a pas grand-chose à dire. De temps en temps quelques petites jalousies. Ses supérieurs aiment sa ponctualité, son sérieux. On lui confie volontiers des tâches réservées aux personnes de confiance.

Elle n'est pas très bonne en affaires. Quelquefois elle se laisse entraîner dans des projets désastreux en ayant toujours beaucoup de mal de s'en sortir.

Si elle est amenée à gérer une entreprise, elle sait s'entourer des collaborateurs nécessaires. Et son talent pour parler avec les gens lui est très bénéfique. Elle arrive à entrainer ses équipes sur des chemins initialement inaccessibles.

... ET EN CE QUI CONCERNE L'AMOUR ?

Comme toute femme curieuse qui se respecte, surprenant un peu tout son entourage, elle débuta sa vie amoureuse assez tôt. Elle était pressée, comme si elle avait peur de manquer quelque chose.

Et typique pour cette jeune femme, elle prenait des risques sans mesurer les dangers et dramatiques suites possibles. Prévention, protection ? Deux mots, jamais entendus.

Elle se réveilla après une mésaventure qui lui ouvrit les yeux. Il suivit un certain temps qu'on pourrait titrer de "période d'abstention". Tellement le choc l'avait marquée.
Après le temps de l'abstinence un peu trop longue selon son goût elle découvrit une nouvelle façon d'aimer, d'être aimée. Plus intensive, plus honnête, plus proche de ses rêves.

Il ne faut pas croire que cette femme cherche les "One-Night-Stands". Loin de là. Mais les vrais amours, les amours qui durent, qu'on ne décèle pas toujours au premier essai. Et pourtant cette femme généreuse, délicate et sensible mériterait le bonheur dès la première minute.

... Que pense l'homme ?

"Petite dragueuse, un jour je t'aurai" ! Et voilà, tout faux ! Oui, elle est mignonne et frivole, et quelquefois un peu garce, - mais les conclusions des mecs sont typiques et imbéciles.

La clé pour ouvrir la porte se trouve dans le charme. Avec l'inévitable portion de charme, un peu de charisme et un regard doux – comment pourrait-elle résister ?

Cette femme exige du respect. S'approcher d'elle sans le feeling indispensable amène directement vers la cata, le refus net et immédiat.

... Et que dit le coach ?

Incompréhensible pourquoi cette personne chaleureuse se couvre avec un soutien-gorge d'une couleur froide, d'un bleu mat refusant tout message affectueux. Mais ce comportement est typique chez elle. D'abord refuser tout rapprochement et ensuite se plaindre du manque de contact. Hello, mignonne, un peu plus de clarté dans le comportement vous ferait du bien.

> **SOUTIEN-GORGE à armatures**
> **Couleur ROSE douçâtre**
> **Tissu fin, transparent & sexy**

Profil de la Femme :

Le PLUS +

* **fragile,** – aux attaques d'autrui...

* **prudente,** - frileuse s'il s'agit de prendre des risques...

* **sentimentale,** - en face de problèmes de société...

Le MOINS -

* **intolérante,** - condamnant l'inexcusable...

* **craintive,** - très peu l'effraye...

Vie privee :

Génération 16/25
La transparence et le motif des fleurs de ce soutien-gorge révèle une recherche, recherche d'être aimée, de trouver plus d'attention chez son partenaire. Ayant eu une enfance très protégée, la vie sans ses parents lui pose quelques problèmes. L'amour parental lui manque beaucoup.

Génération 26/39
Elle a réussi à se créer un univers selon ses désirs. C'est une femme épanouie pleine de vie. Ses activités de loisir sont riches aussi bien côté sport que côté exercices manuels.

Son cercle d'amis est conséquent. Mais c'est aussi un de ses points faibles. Trop facilement en confiance, elle accepte presque tout le monde qui se présente comme "ami". Et ceci lui amène souvent de petits ou grands problèmes.

Génération 40+

Très sentimentale, tout lui va directement au cœur. Elle est la personne que tout le monde cherche comme confidente. Et pourtant, elle n'aime pas écouter les confessions des autres. Les révélations des autres la gênent. La voie publique n'est pas un lieu pour étaler ses problèmes personnels.

Elle rêve que son entourage puisse lire le message inscrit sur son magnifique soutien-gorge : "AIMEZ-MOI et je vous promets le bonheur !"

VIE PROFESSIONNELLE :

Sur son lieu de travail, cette femme est estimée et respectée. Elle occupe souvent la place d'une confidente, sachant bien garder pour elle tout secret confié. Une raison de plus d'être estimée par ses collègues.

Néanmoins, de se toujours trouver entourée d'admiration réveille aussi des jalousies. Et quelquefois elle est obligée de voir des "amis" devenir ses pires antagonistes.

Très appréciée par ses supérieurs. Méthodique et consciencieuse dans l'exécution de toute tâche qui lui confiée, elle trouve son vrai épanouissement dans un travail bien fait. Néanmoins, les avancements mérités se font toujours attendre ou ne correspondent que rarement à ses attentes.

Si elle a réussi à créer sa propre entreprise, elle n'est pas du type à "créer une start-up" et direction la bourse, non, elle se contente d'une structure plutôt familiale. Toujours préoccupée par un équilibre entre nécessité commerciale et climat de travail collégial et agréable. Très appréciée par sa clientèle ainsi que par ses employés.

Néanmoins, patronne d'une petite entreprise ou salariée dans une grande structure, son rêve bien caché n'est pas de finir sa vie en travaillant enfermée dans un bureau. Son souhait le plus cher est de pouvoir voyager. Voyager tenant un appareil photo dans les mains et ramener des témoignages sur la vie d'ailleurs. Les voyages lointains sans limite dans le temps, les rencontres avec d'autres gens et leurs coutumes, - la vie dont elle a toujours rêvé.

… Et en ce qui concerne l'amour ?

Les années d'adolescence, elle les a traversées comme toutes ses camarades.

D'abord un premier amour, naturellement pour elle le seul pour l'éternité et comme d'habitude se terminant dans la déception jusqu'à vouloir en mourir. Ensuite des petites aventures, aussi comme d'habitude. Et enfin la trouvaille de l'élu pour longtemps.

Les années se sont écoulées sans grandes histoires. Sauf qu'un jour elle a été obligée de constater que son partenaire regardait un peu trop la concurrence. Une idée qui lui ne serait jamais venue. Elle passa des heures devant le miroir et a pu constater qu'elle, malgré ses quelques années écoulées, possédait au moins autant de charme que toutes ces femmes qui chauffaient la tête de son lapin chaud.

A partir de ce moment, une nouvelle flamme s'allumait en elle. La preuve : ce généreux soutien-gorge, transparent et sexy, le top en lingerie fine.

… Que pense l'homme ?

C'est une femme qui ne cherche qu'à être aimée, mais son caractère solide, ses prérogatives concernant les hommes font d'elle une femme difficile à approcher.

Elle vit en couple ? Elle vit seule ? Allez-y les gars, tentez votre chance ! Il n'est pas à exclure le risque de ramasser une sacrée gamelle. Mais au cas où… …

… Et que dit le coach ?

Magnifique petite femme, fragile et si gentille. Peut-être quelquefois trop gentille ? Malgré toutes ses déceptions et blessures elle a su garder son esprit clean et ouvert pour les belles choses de la vie. Actuellement dans une phase de turbulences ? Ne prenez pas trop de risques. Votre vie, malgré tout, est belle et se passe dans un certain ordre. Le désordre peut apporter de nouvelles joies, mais finit souvent dans la désolation, en tragédie !

Femme secrète,

femme mystérieuse

Femme secrète, femme des mystères. Personne ne pourra jamais revendiquer la connaître réellement. Franc est son parler, mais ses pensées sont enfermées dans une opacité impénétrable.

Fière et consciente d'elle-même, possédant un talent extraordinaire pour choisir sa garde-robe et les belles choses en général, elle se trouve constamment au-dessus de l'ordinaire.

Et pourtant, on ne peut la considérer comme une femme ALPHA. Elle a horreur de donner des ordres. Donner des ordres est pour cette femme un non-respect envers l'autre. Tout être humain, égal **de quels origine, sexe ou classe sociale, mérite le respect sous condition qu'il en fasse de même, respecter l'autre et se soumettre** *aux règles de base d'une société moderne.*

> **SOUTIEN-GORGE A BALCONNETS**
> à armatures
> dentelle noire sur soie

Profil de la Femme :

Le PLUS +

* **élégante,** – de la tête jusqu'aux pieds…

* **distinguée,** - sa présence ne reste jamais sans hommages…

* **sûre d'elle-même,** - grâce à son caractère fort…

Le MOINS -

* **exigeante** – envers elle-même comme à l'égard des autres…

* **dépensière,** - un peu trop, selon son entourage…

Vie privee :

Génération 16/25
Ayant grandi dans un environnement familial intact, elle s'est concentrée sur ses études et la construction de sa carrière professionnelle. Très jeune habituée à aimer les belles choses, elle possède un grand sens pour choisir ses habits de valeur.

Génération 26/39
Son quotidien s'organise surtout autour de son travail. Sa vie professionnelle remplit complètement sa vie sans laisser beaucoup de place aux plaisirs. Exception : le shopping. Dès que son temps très chargé le lui permet, elle s'échappe pour admirer les nouveautés en boutique. Étant bonne gestionnaire, les limites du budget ne sont que rarement dépassées, et de peu.

Génération 40+

Enfin le stress diminue. Les fruits de son activité professionnelle lui permettent une vie aisée, sans obligation majeure, sans restriction matérielle. Reconnue comme "chef pensant", elle apprécie le respect et l'admiration reçus de la part de sa famille.

VIE PROFESSIONNELLE :

Femme trop sérieuse pour ne pas réussir sa vie professionnelle. Une enfance heureuse et la période de l'adolescence pas trop mal traversée, elle a toujours su prévoir une formation sûre pour affronter son avenir.

Richement diplômée ou terminant ses années d'études avec seulement un certificat de base, cette femme possède toutes les qualités caractérielles nécessaires pour mériter la place dans l'entreprise qui lui est confiée.

Il est même à craindre que là où elle se trouve, toutes ses capacités ne soient pas reconnues ou pleinement exploitées. Sa réserve naturelle cache souvent une partie de ses compétences. Elle attend qu'on la sollicite. Très fâcheux pour ses supérieurs qui ne possèdent que rarement la faculté d'imaginer tout ce dont cette femme est capable de réaliser.

Si dans son travail elle est confrontée à une clientèle, celle-ci l'estime pour ses conseils et ses inspirations. Elle est une "bonne vendeuse", tout dans l'intérêt de l'entreprise, sans duper ou sans intention de manipuler la clientèle.

Si elle occupe un poste dans l'administration, il est à craindre que ce poste n'ait pas grand-chose en commun avec ses idées d'un emploi productif, demandant des initiatives et de l'engagement personnel. Elle a très vite compris que dans ces lieux le mot subordination a plus de valeur qu'un engagement énergique pour une meilleure efficacité.

N'empêche, si après de longues années d'accoutumance dans une structure administrative elle se trouve sur un échelon qui correspond enfin à ses attentes, cette femme peut être une personne respectée et estimée par tous ses collègues, subordonnés ou supérieurs.

... Et en ce qui concerne l'amour ?

Femme discrète, femme silencieuse. Ce n'est sûrement pas elle qui affichera ses sentiments sur un grand tableau. Ses sentiments n'appartiennent qu'à elle. Mais de temps en temps, entre amis très proches, il lui s'échappe quelques indices qui laissent entrevoir un aperçu de ce que sent cette femme quand on parle d'amour.

Le rouge intense et le noir sur un vêtement si près du corps - expression de souffrances ineffaçables. Jeune ou moins jeune, jusqu'aujourd'hui elle n'a jamais pu découvrir le bien-être d'un amour à échanges égaux. Toujours, elle s'est ouverte à l'autre. Mais son partenaire n'a jamais trouvé l'essentiel pour lui assurer confiance et un vrai enchantement amoureux. Quel gâchis ! Une femme si délicieuse, si exquise !

... Que pense l'homme ?

Femme secrète et mystérieuse - difficile d'approche. L'homme ne sait jamais ce qu'il se passe dans sa tête. Est-elle ouverte à une rencontre, un verre sur la terrasse d'un café, une invitation à une soirée théâtre ? Est-elle hostile ou imperméable aux compliments venant d'un homme ? Aucun signe extérieur pour faciliter un premier contact.

... Et que dit le coach ?

Une femme qui choisit avec autant de passion un si extravagant soutien-gorge est soit en désaccord grave avec son corps de femme, soit fâchée profondément avec la gent masculine.

Cas numéro un : de l'aide, il lui faut absolument de l'aide ! De simples remarques blessantes et répétitives venant d'un individu malintentionné peuvent être à l'origine de ce malaire. Seule une aide externe peut en finir et changer sa vie !

Cas numéro deux : l'abstinence, est-elle volontaire ou résultat de blessures profondes ? Là aussi, il faut en parler, s'extérioriser. La vie est dix fois plus belle en compagnie, finir dans la solitude est très douloureux !

> **SOUTIEN-GORGE à armatures**
> bordé d'une petite lisière rouge sur les bonnets

PROFIL DE LA FEMME :

Le PLUS +

* **créative,** – toujours à la recherche de l'originalité…

* **vive d'esprit,** - personne ne tire plus vite qu'elle…

* **indépendante,** - et sûre d'elle-même…

* **passionnée,** - si son engagement est demandé…

Le MOINS -

* **influençable,** – trop souvent à l'écoute des autres…

* **espiègle,** - avec plaisir…

VIE PRIVEE :

Génération 16/25
Attendrissante et rêveuse, l'ensemble soutien-gorge et slip tout en transparence témoigne d'une femme joueuse, sexy et presque enfantine. Elle possède un grand sens d'esthétique, une délicate muse, le rêve de tous les poètes.

Génération 26/39
Femme de goût, créatrice par excellence aussi bien dans sa vie professionnelle que dans son quotidien privé. Mais aussi très influençable. Aucune nouvelle tendance, aucun changement dans son entourage ne lui échappe sans être mélangé immédiatement avec son feeling du moment pour créer quelque chose de nouveau. Mais aussi surprenante et changeante elle vit ses expressions artistiques, aussi indéterminée est sa façon de raisonner au fil de ses rencontres.

... suite Génération 26/39

Vite elle adopte les pensées des autres, il suffit qu'elle entende des paroles bien fleuries d'un beau parleur pour que cette femme soit disposée à les intégrer dans sa vie du moment.

Génération 40+

Femme qui aime méditer, réfléchir sur ce qui l'entoure en gardant toujours l'esprit ouvert. Cette manière de progresser dans la vie fait d'elle une personne adorable et à la fois troublante et parfois illogique et influençable.

VIE PROFESSIONNELLE :

Une femme qui a toujours su séparer sa vie privée de sa vie professionnelle. Priorité au privé ! Le travail n'est pour elle qu'un moyen de gagner le nécessaire pour réussir sa vie de famille. Son véritable but dans la vie est de créer un bonheur en dehors de son lieu de travail.

Elle n'a jamais d'efforts pour occuper une place au soleil dans la hiérarchie de son entreprise. C'est peut-être une des raisons de sa popularité dans celle-ci. Ne voyant pas une concurrente en elle, ses collègues de travail la sollicitent souvent comme confidente et amie, tant soit peu qu'on puisse parler d'amies dans le milieu de l'entreprise.

Cette femme possède un talent extraordinaire de créativité. Le choix de ses jolis dessous exprime un immense désir pour l'individualisme. Ne pas être comme tout le monde. Ne jamais accepter le conformisme.

Mais cette manière de mener sa vie lui procure de temps en temps des problèmes sur son lieu de travail. L'entreprise aime les employés formés dans un moule marchant toujours dans les rangs.

L'idéal serait d'avoir la possibilité d'exploiter ses talents créatifs sur son lieu de travail. Et pourquoi pas dans L'Éducation Nationale avec ses orientations artistiques, musique ou dessin ? Ceci lui permettrait la transmission de son sens d'individualisme à des élèves et lui donnerait assez de temps libre pour vivre ses fantaisies.

… Et en ce qui concerne l'amour ?

Charmante, espiègle et joueuse, - tous des atouts pour vivre pleinement l'amour ! Les tentations sont nombreuses. Et si par malheur absentes pendant un moment, elle va les chercher, les tentations.

Et pourtant, sa vie amoureuse n'a pas commencé comme cela. Très timide dans sa jeunesse, les camarades de classe lui réservaient le titre de gourde. "Rien à faire avec elle, dès qu'on la touche, elle s'en va en courant." Qui aurait pensé que cette petite "cruche" deviendrait une reine de nuit, inspiratrice des jeux d'amour à rêver ?

Mais attention, pas de malentendu, elle ne vend pas son corps, elle l'offre. Mais recevoir ce magnifique cadeau se mérite. Et les barres sont placées très, très hautes. C'est elle, et personne d'autre, qui décide QUI, QUAND et COMMENT. L'élu n'a que prouver ce qu'il vaut.

Coquine, elle aime les jeux. Vivant en couple ou solo, le partenaire doit s'attendre à de fourmillantes surprises. Sa palette de variations d'amusements coquins est immense. Un jour elle joue la petite fille innocente, l'autre jour elle se présente en araignée mangeuse d'hommes. Et il peut arriver qu'elle sorte une petite valise pleine de sex-toys pour donner plus de fun aux plaisirs charnels.

… Que pense l'homme ?

Sa sensibilité est admirable. Heureux soit l'homme qui aura la chance d'accueillir une telle spontanéité et générosité en amour. Malheureusement peu d'hommes possèdent suffisamment de facultés de compréhension pour sa philosophie de vie capricieuse.

… Et que dit le coach ?

Surtout, jeune femme, ne changez rien dans votre vie si joliment menée. Toute femme ne peut que vous jalouser, toute femme sincère ne peut que vous approuver. Seul avertissement, ne dépassez jamais une certaine limite. Cette limite s'appelle : respect ! Quand vous perdriez le respect de vous-même, le respect de votre corps, votre vie changerait irrécupérablement !

Femme protectrice, femme maternelle

Toujours les pieds sur terre et le sens du devoir, - les principales caractéristiques d'une femme admirable.

Maternité et sens du devoir vont toujours ensemble. Être constamment préoccupée du bien-être de ses proches demande un grand sens d'abandon de soi-même. Ses désirs personnels ne se rangent qu'en deuxième position. Ceci peut aller jusqu'à l'abnégation d'elle-même.

Dévouée pour son enfant, dévouée pour ses parents, dévouée pour son partenaire. Elle préfère l'ombre à la lumière.

Quelquefois trop craintive pour oser montrer pleinement ses capacités.

Elle préfère prendre son temps à la va vite de la vie quotidienne. Rien ne lui déplait plus qu'un ordre du type "Dépêche-toi" ! Soignée dans ses actes, elle attache beaucoup d'attention à la bonne préparation des choses.

D'une honnêteté exemplaire elle est respectée sur son lieu de travail et ses conseils non intéressés sont souvent recherchés.

> **SOUTIEN-GORGE BLANC**
>
> Garant pour un maintien parfait

Profil de la Femme :

Le PLUS +

* **intelligente,** - et réfléchie dans tout ce qu'elle fait...

* **délicate,** - ne jamais brusquer...

* **fidèle,** - à ses règles de vie...

Le MOINS -

* **disciplinée,** – un peu trop selon son entourage...

* **très sensible,** – et fragile...

Vie privee :

Génération 16/25
Son entourage familial la dit "gentille". Elle s'en méfie un peu car selon la personne, ce mot "gentil" prend un sens sous-jacent péjoratif.

Elle veut bien être agréable, serviable et sympa, mais il ne faut pas abuser.

Génération 26/39
Cette femme a des préférences pour les choses simples, sans complication, sans grand chichi.

Si un problème, un différend se présente, il faut le résoudre le plus vite possible. Et surtout sans arrière-pensée, sans malice. Elle déteste les mensonges et les flatteries.

Génération 40+

Si dans le passé, elle s'est engagée pleinement dans son travail, elle trouve le vrai sens de la vie dans son cadre familial.

Le bien-être de tous ceux qui lui sont chers est sa préoccupation première. Elle n'autorise aucun désordre aussi bien dans ses affaires que dans celles de son entourage.

VIE PROFESSIONNELLE :

Sur son lieu de travail : collaboratrice loyale, estimée et respectée par ses collègues. Il lui arrive même de préparer et servir le café pour tout le monde.

S'engager dans les projets difficiles ou délicats, elle aime. Elle est capable de passer des heures à chercher une erreur là ou ses collègues ont capitulé depuis longtemps.

Cette obsession du "travail bien fait" ne lui apporte pas que reconnaissance et félicitations, elle réveille aussi quelques sentiments de jalousie de la part du corps collégial. Pas toujours facile à vivre, mais elle tient bon. Et avec le temps qui passe les collègues se raisonnent. Surtout quand ils sont obligés de constater que cette petite femme ne cherche nullement à grimper à tout prix aux places les plus hautes, les plus convoitées. Ce n'est pas elle qui représente une concurrence déloyale.

... ET EN CE QUI CONCERNE L'AMOUR ?

Un petit chouchou, prêt à tout donner ! C'est un vrai bijou, mais si fragile !

Cette femme délicieuse est le contraire d'une aventurière. Son idéal est, peut-être un peu "vieux jeu", un couple stable avec des enfants qui grandissent dans un cadre paisible et confortable. Rêveuse ? Oui, car sa vie amoureuse ne se passe pas du tout comme ça. D'abord, en raison de son extrême gentillesse, les déceptions se suivent et se ressemblent. Trop confiante envers la gent masculine, les hommes ne voient en elle qu'un petit jouet mignon pour leur plaisir.

Un trophée de plus pour gonfler leur égo. Terrible et si destructif pour une jeune femme qui ne cherche qu'à être aimée.

Mais très étonnant, elle possède une force intérieure incroyable qui lui permet de surmonter les échecs sans trop perdre de son caractère doux, presque enfantin. Elle efface et recommence à rêver.

Vient le jour où elle découvre son prince. Peut-être pas prince, mais un garçon honnête, respectueux et câlin dont elle rêvait tout le temps.

Et une fleur s'ouvre, si belle, si généreuse, s'abandonnant complètement au bourdon un peu maladroit. Maladroit, mais sincère. Et enfin commence pour elle une vie pleine de tendresse, de douceur et de compréhension.

Ce garçon n'est pas très exigeant en ce que concerne les plaisirs charnels. Et elle n'a jamais été non plus une artiste imaginative. Alors le couple ne cherche pas vraiment de jouissances fantaisistes. Leur bonheur consiste dans l'union totale de deux âmes amoureuses, paisibles et surtout, fidèles !

... QUE PENSE L'HOMME ?

La catégorie des imbéciles : "... une petite mignonne à sauter" ! Pas la peine de plus d'explications.

Une autre catégorie méprisante, les hommes d'un âge avancé prisonniers de la monotonie dans leur couple : " ... avec mes moyens, ma situation et quelques petits cadeaux, cette petite égayera ma vie un bout de temps. S'en débarrasser le moment voulu ne devrait pas poser trop de problèmes " !

Mais il existe aussi des hommes qui savent juger cette gentille femme à sa vraie valeur. Il leur manque souvent le courage d'une approche directe et à temps. Allez-y les gars, le bonheur vous attend !

... ET QUE DIT LE COACH ?

Votre vie est peut-être simple, mais très belle si vous la gérez selon votre feeling, selon vos règles sans accepter les conseils souvent pleins de jalousie et malintentionnés de votre entourage.

> **SOUTIEN-GORGE classique**
> **à armatures en V**
> **Fine dentelle transparente**

Profil de la Femme :

Le PLUS +

* **consciencieuse,** – dans tout ce qu'elle fait...

* **dévouée,** - envers tout son entourage...

* **énergique,** - s'il s'agît de donner un ordre...

* **équilibrée,** - ne jamais tomber dans l'excès...

Le MOINS -

* **très conservatrice,** – en bonne connaissance de cause...

* **foncièrement pudique,** - dans sa vie privée...

Vie privee :

Génération 16/25
Une jeune femme pudique et presque invisible. Pendant les années d'école elle n'était ni la meilleure ni la plus mauvaise élève. Toujours au milieu, ne jamais se faire remarquer ! Jeune femme, elle suit les autres. Malgré son équilibre remarquable, c'est en groupe entre copains et collègues qu'elle se sent le mieux.

Génération 26/39
Conservatrice dans ses pensées, elle cherche relativement jeune son partenaire pour la vie. Malgré quelques petites aventures sans importance, cette femme espère pouvoir fonder son foyer familial, sans limite dans le temps. Toutes ces qualités relatant une stabilité de caractère exemplaire n'empêchent guère l'existence d'une deuxième femme en elle, une femme pleine de sensualité avec le besoin d'être aimée.

... suite Génération 26/39

Le meilleur moyen pour un partenaire de lui prouver son amour est de lui offrir un style de vie où le confort et la générosité prévalent.

Génération 40+

Les enfants ont quitté la maison parentale assez vite et le partenaire, un peu las du train-train quotidien s'est créé un univers à part. Il en résulte une certaine solitude pour cette femme magnifique, sans grand espoir d'un retour vers une vie plus active.

VIE PROFESSIONNELLE :

Une éducation stricte a forcément mené vers une solide formation professionnelle. Toujours bonne élève, cette formation ne lui a posé aucun problème.

Au départ, elle ne rêvait pas d'une grande carrière. Réussir sa vie privée lui a toujours été plus important que grimper les échelons dans une entreprise.

Mais avec son sérieux et son efficacité au travail les avancements automatiques s'imposaient. Souvent au détriment du climat entre collègues. On la considère comme "bosseuse", faisant toujours plus que demandé.

Notamment, si elle a trouvé sa place dans le milieu de l'administration publique, cette ambiance un peu mesquine l'accompagne tout au long de sa vie active. Mais grâce à son fort caractère, cette jalousie injustifiée ne lui a jamais posé trop de problèmes. Son vrai but dans la vie, réussir sa vie privée, a toujours dominé ses préoccupations quotidiennes avec le résultat que les petits soucis sur le lieu de travail perdent complètement leur importance.

... ET EN CE QUI CONCERNE L'AMOUR ?

Trop sérieuse pour sombrer dans des folies charnelles. Intelligente et toujours pieds sur terre, elle n'a jamais rêvé d'un prince charmant. L'histoire du prince tout gentil avec une vie en rose n'a jamais fait irruption dans ses pensées.

Faire connaissance avec un garçon venant du même milieu qu'elle, sérieux dans ses pensées, profondément solide pour se construire un foyer familial qui dure, voilà sa conception de l'amour.

Mais l'amour, c'est quoi ? Sexe ? Déjà le mot "sexe" la gêne. Naturellement, dans une vie à deux il y aura des moments charnels. Mais ces moments ne représentent qu'une petite partie de ce qu'elle comprend sous le mot l'amour.

L'amour débute avec le mot "aimer". Elle veut aimer et être aimée. Se sentir bien dans les bras de quelqu'un sans penser immédiatement au sexe. Oui, elle est prête à donner, à s'offrir. Mais seulement si le socle d'une longue vie à deux est construit.

... Que pense l'homme ?

Le partenaire est obligé d'accepter sa vision parfois un peu vieillotte du monde. Il sera remercié par un dévouement total de cette femme superbe, honnête et fidèle.

One-Night-Stands ? Complètement indiscutable. Et en plus, elle est très intelligente. Les petites histoires racontées par des imbéciles si sûrs d'eux-mêmes n'ont aucune chance de réussir.

D'ailleurs, son allure, sa présentation réservée, froide et effroyablement sérieuse n'est pas qu'un avertissement, il fait renoncer à toute tentative d'approche même des plus osées.

... Et que dit le coach ?

Une femme qui a tout à fait raison d'être fière de sa façon de mener sa vie. Ni trop expansive avec ses sentiments, ni trop enfermée. Insatisfaite ? Pas du tout. A forte raison, elle se contente de qu'elle a construit.

Ok, elle a des rêves, des souhaits, des désirs non réalisés. Mais est-il vraiment nécessaire de transformer par la force tous ses rêves, tous ses désirs en réalité ? Une femme qui n'a plus de rêves, est-elle vraiment plus heureuse ?

> **SOUTIEN-GORGE à armatures**
> **COULEUR rouge avec bandeau ;**
> **avec magnifiques bonnets mousse pour arrondir le décolleté –**
> **élégant et sobre**

PROFIL DE LA FEMME :

Le PLUS +

* **active, forte**, une "femme de caractère"...

* **courageuse, -** les problèmes existent pour être résolus...

* **familiale, -** épouse et mère par excellence

Le MOINS -

* **autoritaire, -** surtout s'il s'agît de gérer des problèmes familiaux.

VIE PRIVEE :

Génération 16/25

Studieuse, mais pas forcément la première en classe.

Sa préoccupation principale : construire et réussir sa vie de femme, construire un futur solide et confortable.

Génération 26/39

Maintenant, après une certaine réussite dans sa vie professionnelle, l'idée de la fondation éventuelle d'un foyer prend place. Être mère d'un ou deux enfants, pas plus, et leur assurer une bonne éducation. Le partenaire glisse doucement en arrière-plan.

... suite Génération 26/39
Toujours sûre d'elle-même, elle sait choisir son partenaire. Elle prend son temps, elle n'est pas pressée pour prendre une décision. Installée depuis quelques années solidement dans la vie professionnelle, ses centres d'intérêt principaux sont aujourd'hui la création et la gestion de son foyer familial.

Génération 40+
Discrète et distinguée sans grand signes extérieurs, une femme qui ne se fait pas remarquer. Mais après de longues années de sacrifice elle se crée un monde secret, un monde dans lequel les sentiments prennent de plus en plus d'importance.

Ses talents artistiques, son amour pour les Beaux-Arts prennent maintenant une place de plus en plus grande dans sa vie. Malheureusement, son entourage ne partage pas toujours son intérêt pour les belles choses.

VIE PROFESSIONNELLE :

Ayant vécu une éducation stricte dans la maison de ses parents, l'entrée dans la vie professionnelle est passée par une formation sérieuse.

Elle n'a jamais cherché à être la première en tout, mais sa force de caractère et sa continuelle recherche de "bien faire" ont mené à une vie professionnelle stable sans grands heurts.

Ses collègues la respectent pour ses compétences. Elle ne cherche pas à se faire des "amis" à tout prix, mais elle est toujours considérée comme une personne sur laquelle on peut compter en cas de besoin. Tant qu'un problème ne touche pas à sa vie familiale, elle s'engage à fond pour trouver la solution. Et jamais aux dépens de ses collègues de travail.

De temps en temps elle prend des positions critiques envers ses employeurs. Jamais sans raison, mais toujours fermement. Ceci n'est pas toujours avantageux pour son avancement dans la hiérarchie de l'entreprise. Mais, comme déjà dit, la guerre pour la meilleure place ne fait pas partie de ses préoccupations.

... Et en ce qui concerne l'amour ?

Comme toute femme, elle a eu des rêves. Des rêves qui ne se sont jamais vraiment réalisés.

Timide, incroyablement timide dans ses jeunes années, les avances de la gent masculine l'ont plutôt gênée qu'attirée. Ces approches presque agressives, ces éternelles remarques déplacées, ces regards sans gêne de certains hommes, non, la drague lourde n'a jamais été de son goût.

Viennent les années de la découverte, de l'envie et des premières expériences. Malheureusement, elle n'est pas une femme-ALPHA, elle est une femme chaleureuse et sentimentale. Une femme prédestinée à être proie. Et les loups sont nombreux à chanter leurs chansons si douces. Mais possédant une bonne part de méfiance, cette jeune femme reste la plupart du temps sur ses gardes.

Cette période de ses premiers contacts amoureux avec la gente masculine, souvent négatifs, font qu'il s'installe pour tout le reste de sa vie une méfiance envers les hommes. Trop profonds sont les blessures.

... Que pense l'homme ?

Femme sérieuse, femme qui exige du respect. Très jolie mais trop sévère sa garde-robe pour se lancer dans un jeu de séduction. Une femme qui a posé depuis longtemps ses pieds bien au sol.

... Et que dit le coach ?

Qui ose vouloir changer quoi que ce soit dans l'existence d'une femme aussi bien installée dans la vie ? Cette femme pleine de talents a parfaitement appris depuis longtemps à gérer sa vie de femme. Il serait plus que présomptueux de suggérer le moindre changement dans son comportement. Responsable et bien dans sa peau, on ne peut que la féliciter !

Conclusion

Vingt soutiens-gorge présentés, entre 15 et 20 millions de soutiens-gorge vendus en France chaque année ! Ces chiffres expriment sans détour la faiblesse principale de cet essai de parler du SOUTIEN-GORGE comme révélateur du style de vie ou la manière de penser des femmes, leur façon dont elles vivent leur féminité.

Mais dès le commencement, de la naissance de l'idée, la création du premier avant-projet jusqu'à la sortie en librairie, il n'a jamais été question de pouvoir inclure dans un petit bouquin de 120 pages la totalité des singularités de la gent féminine. Une sélection des caractères les plus marquants était obligatoire.

Je demande indulgence à toutes celles que je n'ai pas pu présenter, qui se sentent oubliées ou exclues. Je promets, le tome II parlera sûrement d'elles !

Roland d'Agen